문화복지의 이해

문화복지의 이해
Introduction to Cultural Welfare

초판 인쇄 2020년 8월 1일
초판 발행 2020년 8월 1일

저 자 방귀희
발행인 방귀희
펴낸곳 도서출판 솟대
등 록 1991년 4월 29일
주 소 서울시 금천구 서부샛길 606 대성지식산업센터 B동 2506-2호
전 화 (02)861-8848
팩 스 (02)861-8849
홈주소 www.emiji.net
이메일 klah1990@daum.net

값 15,000원

ⓒ 방귀희 2020 Printed in Korea

ISBN 978-89-85863-77-3(93300)

문화복지의 이해

INTRODUCTION TO CULTURAL WELFARE

방귀희 지음

도서출판
솟대

문화복지란 무엇인가

　현대사회의 트렌드(trend)는 융합이다. 사회 전반에서 하이브리드니, 콜라보니 하며 융합으로 새로운 창조를 하고 있다. 학문 분야에서도 융합이 이루어지고 있다. 이 책을 통해 현대사회 2대 키워드인 복지와 문화를 융합시킨 문화복지를 소개하려고 한다.

　융합으로 나타난 문화복지를 이해하기 위하여 단어의 뜻부터 설명하자면 사회복지(social welfare)는 국민의 생활 안정 및 교육, 직업, 의료 등의 보장을 포함하는 복지를 추구하기 위한 사회적 노력이고, 문화의 영어 culture는 라틴어 cultus에서 파생되었는데 그 뜻은 가치를 창조한다는 것으로 문화는 새로운 것을 창조하는 과정을 말한다.

　그리고 융합이란 생명과학에서는 유사한 세포가 결합하여 그 결과로 세포질의 합체가 일어나는 과정을 뜻하지만 사회복지에서의 융합은 M. Bowen의 가족체계이론에서 나온 용어로 감정과 지성의 기능이 혼란되어 지성이 감정의 부속물이 되는 것을 의미한다. 따라서 문화복지는 후자의 의미로 받아들여야 한다.

그렇다면 융합은 왜 하는 것일까? 융합의 목적은 창조이다. 바로 예술이다. 뭔가를 새롭게 만들어 내어야 인간은 행복을 느끼기 때문이다.

당연히 알고 있는 행복의 속성도 생각해 볼 필요가 있다. 행복경제학에 따르면 1인당 국민소득 1만 달러 이상이 되면 소득이 증가하더라도 행복이 증가하지 않는 Esterlin Paradox가 나타난다고 한다. 그 이유는 Abraham Maslow가 규명했듯이 욕구 자체가 변화될 뿐만 아니라 행복의 결정요인 중에서 경제적 요인이 차지하는 비중이 상대적으로 줄어들면서 사회적, 문화적,

환경적 요인의 비중이 커지게 되기 때문이다.

그래서 우리는 국민소득이 3만 달러가 되었는데도 행복지수가 31개국 가운데 23위^(OECD, 2017)에 머물고 있다. 불행한 이유는 고용불안, 무한경쟁의 스트레스로 정서적 빈곤에 빠져 있기 때문이다.

그래서 행복해지기 위한 방법을 찾아야 한다. 사회적 피곤을 풀기 위해 인문학을 기초로 개인은 인생의 목표를 부(富)에서 삶을 성숙시키는 문화로 바꾸면서, 정부는 사회 안전망을 깔아주는 복지 시스템을 마련해 주어야 한다. 그래서 문화와 복지가 융합된 문화복지정책을 마련하여 사회 규칙만 잘 지키면 자신의 삶이 안전할 것이라는 믿음을 갖고 우리 사회의 모든 제도와 시설을 이용할 수 있는 권리인 사회권(social rights)이 보장되는 나라에서 살고 있다는 자부심이 있어야 행복해질 수 있다.

 이 책을 준비한 이유는 복지 전공자는 예술을 모르고, 예술 전
공자는 사회복지를 몰라서 문화복지의 필요성은 공감하면서 어
떻게 해야 할지를 몰라 접근을 하지 못하고 있기 때문이다. 그
래서 문화복지의 이해를 돕는 아주 기초적인 안내서가 되기를
바란다.

 문화복지는 모든 사람의 문화(culture of everybody)로 새로운 소통
방식이기에 보다 많은 분들에게 전하고 싶다.

2020년 초여름에
방 귀 희

| 차례 |

1부 기초연구

1. 문화

1) 문화의 정의

문화(culture)는 라틴어 cultus에서 파생되었는데 그 기원을 찾아가면 라틴어 cultra와 그리스어 paideia가 합쳐져서 만들어졌다. 고대 그리스 희극작가 Menandros(BC 342~BC 292)는 paideia를 인간에게 주어진 가장 값진 선(善)이라고 하였듯이 문화는 인류를 착하게 만든다.

세계 경제가 영국 산업혁명의 영향을 받았다면 사상은 프랑스 시민혁명의 영향을 받았다. 서구의 근대적 의미의 문화와 문명 개념은 18세기 후반에서 19세기 후반 사이에 형성되는데 18세기 말 프랑스 시민혁명이 근대의 문을 여는 계기가 된다. 프랑스는 1789년 인권선언을 통해 인간은 태어나면서부터 자유롭고 권리에 의해 평등하다는 것을 천명하며 시민사회를 만들어 갔기에 문화는 인간의 자유와 권리로서 인식되었다. 문화는 인간의 삶에 작용하여 사회적 변화를 가져오는 방식으로 모든 사람이 보편적으로 누려야 할 당위성을 갖게 되었다.

그 후에도 많은 학자들이 문화에 대한 정의를 내렸지만 일반적인 문화의 개념을 정리하면, 박이문(2007)은 문화는 한 사회집단의 신념, 행동, 태도에서 볼 수 있는 삶의 양식이고, 문명은 한 사회가 이룩한 삶의 전략적 능력과 기술의 수준이라고 정의하였고, 원승룡(2007)은 문화를 과거에는 종교, 철학이 담당했지만 현재는 예술을 중심으로 성취되고 있어서 문화와 예술을 붙여서 문화예술이라고 하고, 문화 속에 예술이 포함된 개념으로 사용한다. 예를 들어 대중문화(mass-culture)는 생활 속의 모든 것이 문화가 될 수 있다는 것이 정의이지만 오늘날에는 영화, 방송, 게임 등 대중이 즐기는 모든 여가 생활이 대중문화로 인식되고 있다.

Raymond Williams는 대중문화는 경계란 없다고 보는 포스트모던 개념으로 받아들였고, 원승룡(2007)은 대중문화란 대중매체와 관련이 있고, 대중의 기호는 오락성(entertainment)이 있어서 전통적인 고급문화와 구분하여 하위문화(subculture)라고 하지만 국민문화를 주도하고 있다고 하였다.

안점식(2015)은 문화 영역은 세계관, 가치관, 행동양식의 세 가지 영역으로 이루어져 있다고 하면서, 세계관의 범주에서는 자발성과 주체성을, 가치관 범주에서는 학습성과 유희성을, 행동양식 범주에서는 상호부조성과 선순환성 성격이 있다고 설명하였다.

그래서 문화연구의 기본 틀을 자발성, 주체성, 유희성, 상호부조성, 선순환성으로 구성한다. 자발성은 직접적으로 자기 자신 안에서 자기 힘으로 능동적으로 스스로를 활동시키는 능력이다(칸트사전, 2009).

도정일(2014)은 자발성 문화로 지역 축제를 예로 들었다. 축제에서 자발성이 빠지면 실패한다고 하며 사람들은 자발적으로 움직일 때 가장 행복해하고 활력이 넘친다고 하였다. 「지역문화진흥법」에 생활문화를 넣은 것은 자발성을 지원해 주기 위해서이다.

주체성이란 주인이 된다는 뜻으로 주인은 스스로 결정하고(자결), 예의를 지키고(공존), 스스로 지키는 힘(자력)이 있어야 하며, 주체성의 성장 단계는 의존적 단계에서 독립적 단계로 그리고 상호의존적 단계로 발전한다(탁석산, 2000).

다음은 유희성인데 인간은 Homo Ludens로 유희는 인간 본질이다. 유희는 단순한 쾌락을 넘어서 인간 생활 자체 즉 하나의 총체적 현상이며, 인간의 원형적 행위이자 문화적 현상이다. 아리스토텔레스는 공동 사회생활의 목적은 여가로 재능과 이성을 시용하는 여가 향유자만이 진실로 행복한 사람이라고 하였다.

상호부조성을 설명하기 위한 배경은 이러하다. 다윈(Charles Robert Darwin)의 진화론을 발전시킨 Thomas Henry Huxley[1888]가 투쟁과 경쟁을 통해 인류는 진화한다는 생존경쟁이론을 폈고, Pyotr Alekseyevich Kropotkin[2005]는 헉슬리의 생존경쟁이론을 반박하면서 협력과 협동을 통해 진화한다고 주장하였으며, Michael Tomasello[2011]는 이타성과 사회성은 인간의 독특한 진화적 원천이 된다고 하며 상호호혜적인 도움을 주고받는 상호부조성을 폈다.

끝으로 선순환성은 현대사회의 지역이 요구하는 대화성과 창의성을 제고하는 방식이고, 외부적 요소보다 내부적 자원인 지역의 산업과 주민의 창의성을 높여 주며, 현대 도시의 힘은 내부성과 외부성의 결합으로 생기기 때문에 내부적 자원으로 자신을 정체화하고 외부와의 소통을 통해 새로운 생산성을 끌어내는 구조이다[라도삼, 2013].

2) 문화의 가치

문화는 다양한 부가적 가치를 갖고 있는 것에 큰 가치가 있다.

① 위상가치(위광가치, prestige value)
문화의 매력은 그 국가, 도시, 지역의 매력을 증대시킨다. 뛰

어난 문화 혹은 예술인은 그 나라의 자랑이고 세계사회에서
그 국민 전체의 위상을 높인다.

② 선택가치(option value)

문화는 지금 당장 소비되지 않는다고 해도 보존해 두고 필
요한 때에 필요한 사람이 감상할 수 있다.

③ 유증가치(bequest value)

다음 세대에 훌륭한 문화예술을 유산으로 전수하는 데에서
생기는 가치를 말한다. 문화예술은 현 세대로부터 다음 세대
로의 역사와 연결되어 전통을 계승하는 역할을 한다.

④ 교육가치(education value)

문화를 통해 창조성, 수용력, 심미력(審美力) 등을 배양할 수 있
다. 좋은 문화는 사람들의 마음을 순화시킴으로써 사회의 안정
과 질서유지에도 도움을 준다. 또한 문화는 새로운 발상의 원
천으로써 사회 모든 분야에서 창조적 활동에 큰 자극을 준다.

⑤ 산업가치(Industrial value)

최근에는 문화예술활동 자체가 막대한 부를 창출하는 고부
가가치 산업으로 크게 각광받고 있다. 문화 산업은 특히 막대
한 창구효과(window effect)로 인하여 황금알을 낳는 산업으로 대

두되고 있다.

⑥ 국가 간 가교 역할

좋은 문화는 그 매력이 국경을 초월하여 교류되며 다른 문화권 사람들의 마음에 감동을 준다. 문화 교류는 국제적인 상호 이해의 폭을 넓혀 주는 가교의 역할을 한다.

⑦ 유발 효과(spillover effect)

문화의 핵심은 다양한 창의성과 독창적 아이디어인데 이는 곧 경제활동의 고급화에 필수적인 요소이다. 문화는 단순히 소모적이고 오락적인 기능에 그치는 것이 아니라 창의적인 경제사회를 조성하고 무한한 생산성을 유발하는 시너지 효과를 발휘한다.

⑧ 외부 효과(external effect)

문화 활동을 통해 그 주변 비즈니스에도 상당한 경제적 편익이 발생한다.

미래학자 Alvin Toffler는 저서 「제3의 물결」(1994)에서 제1의 물결은 수렵사회에서 농경사회로 바뀐 것이고, 제2의 물결은 농경사회에서 산업사회로 발전한 것이며, 제3의 물결은 산업사회에서 정보화사회로 변화가 일어난 것이라고 하였다. 4차

혁명으로 만들어질 제4의 물결은 아주 커다란 파도로 밀려와 인류의 문화를 확 바꿀 것으로 예상된다.

웹1.0으로 시간과 공간의 제약 없이 정보를 열람하게 되었을 때도 편하다고 하였고, 웹2.0으로 정보를 직접 수정할 수 있는 개방성으로 정보 소비자가 곧 제공자가 되었는데 웹3.0으로 인공지능, 빅데이터, 자동서비스 등이 실현되면 인간은 최고의 편의를 누리게 될 것이다.

3) 문화 소외

우리 사회에서 사회적 약자와 소수자들은 소외와 배제의 대상이 된다. 소수자여서 사회적 약자가 된 경우가 대부분이지만 정확히 구분을 하면 〈그림1〉에서처럼 사회보장제도 범주에 있는 사람들을 사회적 소외계층이라고 하고, 제도권의 보호를 받지 못하고 사회적 배제를 당하고 있는 사람들이 소수자이다.

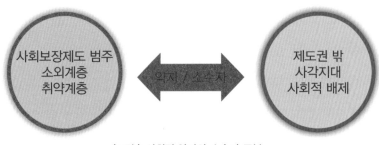

〈그림1〉 사회적 약자와 소수자 구분

그런데 과학의 발달로 사회가 빠른 속도로 변화하면서 새로
운 문화를 만들어 내고 있지만 그에 따른 문화 격차로 문화 소
외현상이 나타나고 있다. 문화 격차의 요인은 〈표1〉에서 보듯이
객관적 요인으로 경제적, 지리적, 신체적, 사회적 소외에서 찾을
수 있고, 주관적 요인으로 심리적, 문화적 문제로 나타난다.

〈표1〉 문화 격차의 요인

문화 격차의 요인		발생 원인	대안
객관적 요인	경제적 요인	−빈곤으로 인해 문화비 지출 여유 없음 −생업으로 인해 여가 시간 부족	−문화비 소득공제 제도 −관람, 입장료 할인 제도
	지리적 요인	−물리적 거리 −집적(모이는 관중) −낮은 인구밀도로 인해 문화 시장 부재	−취약 지역 인프라 우선 지원 −문화교류 프로그램 활성화 −균형발전
	신체적 요인	−신체적 장애	−장애인 접근성 제고
	사회적 요인	−사회적 소수자 −적절한 문화콘텐츠 부재	−쿼터제 등 적극적 조치 −표현 기회 확대
주관적 요인	문화적 요인	−과거의 문화 체험 부족 −문화 해독력 부족	−문화 체험 기회 확대 −문화예술교육 강화
	심리적 요인	−심리적 부담 −소외감 −문화적 소비에 대한 거부감	−공동체 프로그램 확대

출차: 「문화정책백서」(문화체육관광부, 2003)

그동안은 사회적 소외계층에 대한 문제만 언급되었지만 문화적 소외계층의 어려움에 대해서도 관심을 가져야 한다. 사회적 소외계층과 문화적 소외계층의 차이를 분석해 보면 〈표2〉와 같다.

〈표2〉 사회적 소외계층과 문화적 소외계층의 차이

대표적인	사회적 소외계층	문화적 소외계층
범주	기초생활수급자, 차상위 계층	경제적, 사회적, 지리적 제약
인구 집단	유아, 아동 및 청소년, 여성, 장애인, 노인, 노숙인, 북한이탈주민, 다문화가족	아동 및 청소년, 장애인, 노인
관련 법률	헌법-행복추구권(10조), 사회보장기본법, 국민기초생활보장법, 사회복지사업법	헌법-문화권(11조), 문화예술진흥법
재원	국고 및 지방비 + 각종기금 (비영리 민간단체 기금, 사회복지공동모금회)	국고 및 지방비 + 각종기금 (국고, 복권기금, 체육기금, 관광기금, 토토적립금)
관련부처	보건복지부, 고용노동부, 여성가족부, 행정안전부, 법무부	문화체육관광부, 보건복지부, 여성가족부, 과학기술교육부
정책지원	사회보장프로그램, 사회적기업, 바우처	문화복지정책
바우처	장애인활동지원, 노인돌봄, 장애아동재활치료, 가사 및 간병 방문도우미	문화, 관광, 체육바우처 (통합문화 이용권)

'문화를 통한 사회통합 유형에 대한 기초연구'(문화체육관광부, 2011)에서 〈표3〉에서 보듯이 정치·제도 통합과 문화 통합을 비교하여 설명하였는데 정치·제도 통합은 외적이고 표면적이며 단일성이어서 단일 문화로 구조적인 제도에 의해 사회·정치적으로 측정 가능한 법률로 이루어지는 것에 반해, 문화 통합은 내적이고 잠재적이며 다양성이어서 다문화로 비구조적인 비제도에 의해 문화·정서적으로 측정할 수 없는 의식, 가치관, 정서, 정체성, 가치, 신념으로 이루어지는 특징이 있다고 하였다.

〈표3〉 정치·제도 통합과 문화 통합 비교

정치 · 제도 통합	문화 통합
외적	내적
표면	잠재
단일성	다양성
단일문화	다문화
제도	비제도
구조	비구조
사회, 정치	문화, 정서
미시적	거시적
측정	비측정
법, 제도	가치관, 정체성, 신념

출처: 문화를 통한 사회통합 유형에 대한 기초연구(문화체육관광부, 2011)

4) 문화 역량

문화의 속성 가운데 문화 역량을 축적함으로써 인류 자산으로 발전하기에 문화는 공적 자산이다. 현대인이 원하는 삶은 문화소비를 통한 문화적 생활이어서 모두가 문화소비자이다. 예술이 생산^(창작), 유통, 소비^(향유)되는 과정은 예술가, 작품, 감상자로 구성되어 있는데 감상자인 문화소비자가 예술 발전에 가장 중요한 역할을 한다.

문화소비자의 선호는 작품의 질, 가격, 경향, 계절, 유행에 따라 변하기 때문에 문화상품의 성공은 예측하기 어렵다. 그만큼 소비자의 문화권은 까다롭게 행사된다. 누구든지 평등하게 문화를 향유하고 문화 활동에 참가하며 문화를 창조할 권리인 문화권은 자유권과 사회권적인 성격을 갖고 있다.

5대 문화 권리는 첫째, 문화 정체성 확보 권리, 둘째, 언어에 대한 권리, 셋째, 문화생활에 참가할 권리, 넷째, 문화유산에 대한 권리, 다섯째, 교육을 받을 권리이다.

문화권을 확보하기 위한 문화 참여 유형은 공연 등을 보러 가는 관람형과 문화 체험을 해 보는 시범형 그리고 음악대회 등에 직접 출전해 보는 대회형, 문화운동에 참여하는 그물망형 등 참여 방식이 다양하다.

또한 문화는 공진화(供進化)되는 속성이 있다. 끊임없이 변화하는 사회 속에서 과거에 대한 반동과 미래에 대한 낙관으로, 소극적인 공존과 공생을 넘어서 적극적인 공진화 즉 함께 발전하는 것이다. 그래서 예술인이자 사회운동가인 William Moris(1834~1896)는 사회문화운동으로 일과 예술을 분리하지 않는 사회를 만들어야 한다고 주장할만큼 문화 역량을 중요시여겼고, 문화 수준이 높아지면 교육 수준도 높아지고, 교육 수준이 높아지면 문화 수준도 높아진다고 할 정도로 문화와 교육은 함께 공진하며 사회를 발전시킨다.

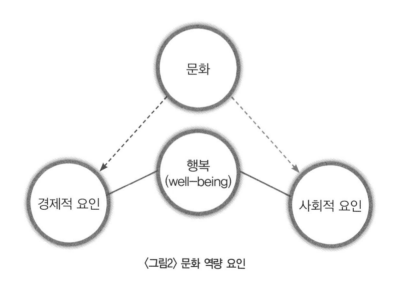

〈그림2〉 문화 역량 요인

그리고 〈그림2〉에서 보듯이 문화 역량은 인간의 행복(well

being)을 만들어 낸다. 문화가 사회적 요인과 결합하면 문화사회적 가치를 창출하고, 경제적 요인과 만나면 문화경제적 가치를 조성하여 인간의 삶을 편안하고 즐겁게 해 준다.

2. 예술

1) 예술의 본질

  너무나 당연해서 간과하고 있는 것이 본질이다. 그래서 예술의 본질부터 이해해야 한다. 예술의 본질을 설명하는 여러 가지 주장이 있다.

① 모방설

  아리스토텔레스는 예술은 같은 것의 생산이 아니라 사물이 그렇게 되어야 하는 상태라고 하였고, 플라톤은 참된 실제의 모방 즉 이데아(idea)*의 모방이라고 하여 모방설을 주장하였다.

  모방설의 최후의 옹호자인 프랑스 미학자 Charles Abbe Batteux(1713~1780)는 예술은 아름다운 자연을 재현하는 것이라고 하였다. 그러니까 예술의 본질로 주장한 모방설은 자연이

---

* 플라톤 철학의 중심 개념으로 모든 존재와 인식의 근거가 되는 항구적이며 초월적인 실재를 뜻하는 말이다.

나 이데아를 표현하는 것으로 이미 생산된 것을 모방하는 것은 아니라는 것이다.

② 상상설

Reynolds. J.(1723~1792)는 18세기 후반 「예술론」에서 예술은 본질적으로 자연의 모방이라기보다는 확대라고 하면서 인간의 행위를 결정짓는 습관적 이성이 예술을 창조한다고 하였다.

루소는 상상설의 강력한 추진자이다. 예술은 경험적 세계의 재현이 아닌 감동과 정열의 분출이라고 하였다. 상상설은 예술을 정열이 빚어낸 결과물로 본 것이다.

③ 상징설

Ernst Cassirer(1874~1945)는 「인간론」에서 예술은 상징적 언어로 전달을 예상하는 인간 감정의 외화(外華)이기 때문에 상징적인 형태가 부여된다고 하였다.

Ellen Langer(1947~)는 예술이 나타내는 상징은 상상설에서와 같은 정감적(情感的)인 반응이 아니고 통찰이라고 하여 상징설을 주장하였다.

예술의 본질은 학자에 따라 모방설, 상상설, 상징설로 발전하였는데 이것은 예술이 갖고 있는 모든 속성이어서 어느 것이 옳다고 규정하기보다는 예술의 본질을 이해하는 참고 사항으로 받아들이며 또 다른 본질을 찾아내며 발전시켜 나가야 한다.

2) 예술의 가치

예술의 가치를 이해하면 예술이 인간 사회에 얼마나 큰 영향을 미치는지 알 수 있다.

① 고유 가치
예술은 가격을 부여할 수 없는 무한가치(priceless price)로 예술이 존재하는 이유와 정당성을 설명한다. 러스킨은 예술이 존재하는 것 자체에 가치가 있다고 하였다.

② 인본적 가치
예술은 인간의 행복을 지키는 보루로 Peter L. Burger(1929~)는 순수예술은 종교보다 더 다양한 정신적 통찰력을 세속적인 사회에 제공한다고 하면서 예술의 정치화를 경계하고 예술의 인간화를 추구하여야 한다고 하였다.
그래서 인간의 가치 실현을 지향하기 위해 예술의 자율성, 독창성, 다양성을 보장해야 한다.

③ 이미지 가치

이미지는 감정의 압축된 표현으로 인간(세대), 공간(국경), 시간
(역사)을 뛰어넘어 사회와 인류의 공동 자산으로 형성된다. 예술
로 만들어진 문화 이미지는 국가, 도시, 지역 등의 매력을 증대
시키며 시민사회의 풍요를 가져온다.

④ 소통 가치

예술은 인간 감성에 호소하여 소통을 원활히 하는 가치를 지
닌다. 예술과의 소통은 기쁨을 준다. 꿈을 꾸는 것처럼 진실을
느낄 수 있는 것이 소통의 희열이다. 이것이 예술의 힘이다. 톨
스토이는 소통은 예술인의 임무라고 하였다.

⑤ 부가가치

예술은 문화적 효과, 경제적 효과, 교육적 효과, 사회적 효과
라는 부가가치가 있다. 고용 창출, 관광 유발, 마케팅 소재 활
용, 사회통합을 이루게 한다. 그래서 자본주의가 성숙되면서
경제는 예술과 결합하여 문화 산업을 발전시켰다.

이들 예술의 가치들이 서로서로 영향을 주면서 우리 사회에
풍요와 활력 그리고 균형과 발전을 이루어 내고 있는 것이다.

3) 예술의 특성

 예술의 특성 역시 다양하지만 주요 특성은 도덕성, 사회성, 산업성, 기술성으로 설명할 수 있다.

① 도덕성

 독일의 평론가 Thomas Mann(1875~1955)은 예술작품은 도덕적인 효과를 가져온다고 하였고, 톨스토이는 저서 「예술이란 무엇인가」에서 예술이 주는 마음의 평가는 인생의 의미에 관한 인간의 이해이며, 도덕을 희생시키는 예술을 부정하였다.

 사르트르는 「문학이란 무엇인가」에서 문학 활동에는 세 가지 질문이 필요하다고 하였다. 첫째, 작품을 쓴다는 것은 무엇인가. 둘째, 왜 쓰는가. 셋째, 누구를 위해 쓰는가라는 질문을 해 봐야 하는데, 그것은 작품이 도덕성에 맞는가를 따져 보라는 것이다.

② 사회성

 니체는 예술성과 사회성이 하나의 구조적인 전체로 통합되어야 비로소 위대한 작품이 이루어진다고 하였다. 예술은 청중, 관중, 독자 등의 관조자가 없으면 의미가 없기에 예술에 있어 대중은 아주 중요한 의미를 가진다. 대중은 모차르트의 세레나

데를 들을 때 예술이 무엇인가에 대해서는 모르지만 자기가 좋아하는 것이 무엇인가는 알기 때문에 좋아하는 것을 소비하게 된다. 실험적인 예술이 가치 있는 것이라고 주장하기 전에 대중에 대한 납득이 우선되어야 한다. 대중은 냉혹하여 원치 않는 예술은 철저히 외면하기에 대중이 없는 예술은 의미가 없다.

사회가 발전할수록 예술의 사회적 기능이 점차 확대되고 있다. 그래서 톨스토이와 사르트르는 작가의 적극적인 사회참여를 강조하였다.

③ 산업성

사람들은 모든 것들이 아름답게 형성되기를 바란다. 그래서 물건을 살 때 기능도 중요하지만 디자인을 보게 되기에 예술이 산업화되었다. 그리고 바쁜 일과 속에서도 공연장이나 전시장을 찾고 영화를 보러 가는 것을 즐기는 것은 예술이 영혼의 양식이 되기 때문이다.

④ 기술성

예술이란 참된 것을 가장 순수하게 산출하는 것으로 본질적인 것을 아름다움 속에 드러내는 작업으로 예술은 기술을 통해 존재의 본질을 드러내고 있다. 그래서 현대 예술은 기술과의 융합으로 더욱 아름다워졌다.

4) 예술의 역할

위에서 언급한 예술의 가치와 특성을 바탕으로 예술의 역할을 살펴보면 사회적, 교육적, 경제적 역할이 있다.

① 사회적 역할

우리 사회는 예술을 통해 가치를 공유하며 그 바탕 위에서 사회적 에너지를 창출한다. 예술은 사회를 열린사회로 이끌어 가며 사회갈등을 해소한다. 예술의 사회적 역할을 말할 때 예술보다 광의의 개념인 문화예술이라고 하기도 하고 그보다 더 포괄적인 의미의 문화라는 단어를 사용하기도 한다.

국가 발전론에서 발전의 원인을 규명하는 초점을 경제, 문화, 정치에 두고 있고, 그 가운데 문화가 가장 역동적으로 발전에 영향을 미치면서 조화를 이루어 간다는 문화결정론을 주장하며 문화와 사회의 공진화(co-evolution)를 목표로 하였다.

예술의 사회 재구성력은 커뮤니티 아트(community art)에서 관계예술(relational art)로 이어지고 나아가 사회적 통합, 문화적 권리, 사회 변화 문제에 대한 예술적 해결 등을 실천하는 사회예술(social art)로 발전한다.

또한 문화 교류는 공간적 장벽을 넘어서 아이디어와 새로운 창의성을 가능하게 하는 길을 터놓는다. 문화는 인적자원의

교류 기회가 다른 분야의 교류보다 파급 영향이 크기 때문에
사회적 역할을 한다.

② **교육적 역할**

Doug Herbert는 예술의 교육적 역할을 첫째, 시민 성장. 둘
째, 소통. 셋째, 창의적 인간. 넷째, 개인 삶의 복지 선택에 있
다고 하면서 교육과 문화는 서로 연대가 필요하다고 하였다.

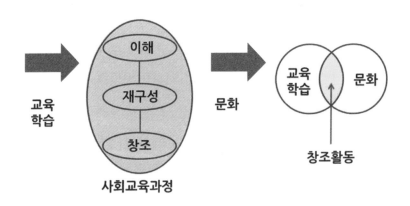

〈그림3〉 교육을 통한 창조활동 과정

교육이 예술활동은 아니지만 교육에 개입된 정서를 표현해
내는 예술활동이 수반되어 예술활동 자체가 교육에서는 중요
한 소재가 되며 그 활동을 조직하는 독특한 방식 역시 교육이
다(윤여각, 2003).

〈그림3〉에서 보듯이 학습이 사회교육과정을 통해 문화를 산출하면서 창조활동이 되기 때문에 청소년기의 예능교육은 매우 중요하다. 그런데 우리나라 학교교육에서 예능교육의 비중이 축소되는 것은 안타까운 일이다. 문화예술도 교육에 의해 능력이 습득되기 때문에 어른이 된 후 문화생활을 하려고 하면 잘 안 된다. 그래서 스스로 문화생활에서 소외되는 현상이 나타나는데 이것이 예술교육의 필요성을 잘 말해 준다.

③ 경제적 역할

경제활동과 예술활동은 어떠한 형태로든 서로 영향을 미친다. 문화예술활동은 문화 에너지를 경제활동에 공급하고 경제활동의 결과로 문화 축적물이 쌓여 문화적 변화를 가져온다.

문화적 요소는 사람들의 선호나 소비 패턴을 변화시키고, 경제가치를 부가적으로 키워 준다. 경제활동에서 생산이나 소비의 결과로서 문화 역량이 추가로 축적되어 문화예술이 발전하는 것이다.

경제의 양적 수준은 기술이나 자본에 의해 결정되지만 경제의 질은 문화가 바꾸기 때문에 문화는 경제의 차원을 높인다. 문화적 감성이 높아지면 여러 분야에서 문화 산업이 확대된다.

지식기반 경제 발전의 요인으로 작용하는 문화는 첫째, 개인의 감성 능력으로 문화예술은 기초적 소양이다. 둘째, 예술적 감각은 하나의 공공자산으로 '무엇을 생산하고 판매할까?'에서 '어떻게 만들고 팔까?'로 바뀌는 것이다. 셋째, 문화는 시장경제에 큰 역할을 한다.

문화예술은 개인적 활동으로 충족해야 하는 사적 재화의 성격을 지니지만 정부의 역할이 필요한 이유는 문화예술은 공공재로 경제 효율성과 관련이 있고, 국가는 경제만으로는 그 역할을 다하기 어려운 부분을 문화로 조정하기 때문이다.

5) 예술의 발전 요인

예술의 발전에 영향을 미치는 요인은 매우 많지만 순환성, 기술력, 공공성, 폭발성, 생비자화(生費者化)로 정리할 수 있다.

① 순환성

예술인이 창작을 하면 그것이 전달자에 의해 시장을 형성하여 대중이 향유하는 과정으로 순환된다. 향유 내용을 평가하여 그것이 축적되면 그것을 서로 교류하며 학습을 거쳐 재창조하는 순환 과정으로 이어지면서 발전한다. 예술의 향유와 소비는 창조에 이르는 과정인 것이다.

그 과정에서 반드시 점검해 봐야 할 것은 예술인의 창작(where

to)이 인간 가치를 실현하며(what to), 지속 가능한 발전(how to)을 이룰 수 있는가이다. 시대정신과 사회 목적에 어울리는 방식으로 문화예술은 사회발전에 기여하고 사회는 문화를 발전시킨다.

② 기술력

융합과 융화의 예술이 필요하다. 융합은 서로 다른 기술이 만나 새로운 기능을 창출하는 것으로 문화기술(CT)과 정보기술(IT)이 융합하여 CIT(문화정보기술) 예술을 만들어 내었다. 디지털아트는 움직이는 예술(kinetic art)로 대중과 소통하는 예술(interactive art)이 되었다. 최근의 퓨전 예술은 기술이 창조한 것이다.

③ 공공성

영국 물리학자 Dennis Gabor(1900~1979)는 소외 대상이 없고 공정하게 기회를 가지는 사회가 되도록 문화적 복지를 펼쳐야 한다고 하며 이를 위해 사회적 차원의 문화운동과 복지적 차원의 문화운동을 결합해야 한다고 하며 공공성을 강조하였다.

그래서 공공 예술이 나타났다. 런던 지하철은 지하철 예술 프로젝트로 단장하였고, 뉴욕 지하철은 지하철의 카네기홀이라고 불리울 정도로 고급스러운 공연장이 되었고, 모스크바

지하철은 인민을 위한 지하 궁전으로 아주 으리으리하게 꾸몄다. 그리고 스톡홀름 지하철은 설계 단계부터 예술인이 참여하여 예술 공간으로 탄생시켜서 공공 예술로 사회에 생기를 불러일으켰다.

이밖에도 엘 시스테마(El Sistema)* 운동으로 베네수엘라 청소년 합주단을 운영하여 청소년의 범죄율이 낮아진 사례도 있다.

거리에서 벌어지는 예술 행위인 거리예술은 흔히 거리공연인 버스킹(busking)으로 나타났는데 거리는 대중 공간(public space)으로 여론이 만들어지는 장소, 의견의 교환과 논쟁의 장소, 소통을 위한 공간으로 사용되었지만 이제 예술의 공간으로 거듭나게 되었다.

거리예술의 특징은 개방성과 대중성, 공연 장소의 유연성 그리고 축제 성향이 있기에 공공성이 확보된다.

④ 폭발성

산업화시대(know how)는 부지런히 일하는 개미에 비유되었다면 지식정보화시대(know where)는 거미줄처럼 망으로 퍼져 나갔고, 한류로 대표되는 오늘날의 문화(know flow)는 물결처럼 빠르고 힘차게 휘몰아친다.

---

* 베네수엘라의 빈민층 아이들을 위한 오케스트라 시스템을 가리키는 말로, 음악교육을 통한 사회적 변화를 추구한다.

그래서 일본 미술의 선각자 오카모토 타로는 문화예술은 폭발된다고 하였다. 잠재 관객이 어쩌다 관객이 되었는데 경험해 보니 너무 좋아서 열성 관객이 되는 폭발성이 있다.

⑤ 생비자화(生費者化)

잠재 관객이 자발적으로 소비하는 관객이 되어 문화 향유자가 되는데 그치지 않고, 문화소비자인 동시에 생산자가 되는 생비자(生費者)가 되어 문화를 촉진하는 촉매자 역할을 하는 문화 패턴이 나타났다.

생비자(生費者)는 생산자(producer)와 소비자(consumer)가 결합하여 프로슈머(prosumer)가 되는 것으로 콘텐츠 소비의 특징인 즉시성, 선호성, 추종성에 생비자화가 포함될 정도로 예술의 주요 발전 요인이 되고 있다.

6) 미래의 예술

스토리 1.0시대에는 원작을 여러 장르로 활용하는 OSMU(one source multi use)에서 하나의 이야기를 여러 조각으로 나누어 확장하는 크로스 미디어(cross media)로 바뀌었고 현재는 스토리를 체험하는 대체현실이 되었다.

스토리 2.0시대는 트랜스 미디어(transmedia)로 원작의 스토리와 캐릭터를 변형하기도 하고 생산과 소비가 동시에 일어나는 프로슈머(prosumer)이며 새로운 의미와 가치를 담은 콘텐츠 주체인 크리슈머(cresumer)이기도 하다.

21세기 화두는 공감으로 미국의 세계적인 경제학자이자 문명비평가인 Jeremy Rifkin(1945~)은 공감 능력을 갖춘 인간 즉 호모 엠파티쿠스(homo empaticus)라고 하였고, 실제 공감형 인간이란 말을 사용한다. 동정(sympathy)은 수동적이고 일방적인 감정이입이지만 공감(empathy)은 적극적 참여이며 타인의 입장이 되어 실천적 행위를 하기에 수평적 관계 맺기가 된다.

작가 Ian McEwan(1948~)은 공감의 본질은 다른 사람의 마음을 상상하는 능력이라고 하였다. 인터넷이 사회적 관계를 P2P(peer to peer) 관계로 만들어 동질성이 있는 또래끼리의 소통만 이루어지고 있는 것이 특징이다. 그래서 미디어 철학자 Vilém Flusser(1920~1991)는 현대인은 사람의 마음을 상상하는 능력보다 기술적 상상력이 더 많다고 하였다.

뉴미디어 시대의 소통은 코드의 혁명, 관계 방식의 혁명이다. 콘텐츠는 소통의 도구이며 자신의 존재를 증명할 수 있는 수단이 된다. 고정관념과 습관의 코드에서 벗어나 자신의 관점으로 세상을 관찰하는 관점 디자이너(Perspective Designer)가 나타났다. 소셜 미디어의 소통에서 중요한 것은 대중 가운데 하나

(one of them)가 아니라 유일한 하나(only one game)이다. 그래서 수동적 소비자에서 능동적 향유자가 되는 새로운 문화현상이 나타나고 있다.

① 스토리두잉

Montaque. T.(2015)는 스토리두잉(storydoing)은 스토리를 행동으로 옮기는 것으로 웹2.0의 소통의 플랫폼이다. 더 높은 차원의 메타스토리(metastory)는 관심을 갖는 참여자(participants), 이야기 주인공(protagonist), 이야기가 펼쳐지는 무대(stage), 추구하는 이야기(quest), 실행지도(action map)로 구성되며 크로스 미디어 콘텐츠로 온라인 게임, 플래시몹(flashmob) 등이 있다.

왜 스토리두잉이 나타났는지 그 배경을 살펴보면 산업사회의 스토리는 책 속에 죽은 채 누워 있고, 정보화시대의 스토리는 IT로 생명을 불어넣은 유기체가 되었기에 이야기를 체험하는 적극적인 참여와 소통이 필요하게 되었다.

양방향 미디어가 되면서 거리 없앰과 관계 맺기로 사이하기*가 나타났는데 사이 존재는 시간, 공간, 인간, 천지간 등이다.

---

* 사이는 그 자체로 있음이 아닌 서로 다른 두 존재자의 만남과 교류를 중요한 본질적 차원으로 보는 시각으로, 사이하기는 뉴미디어 시대의 소통 방식이다.

② 유튜브와 사이 콘텐츠

유튜브(YouTube)는 2005년 '당신을 방송하세요(broadcast yourself)'라는 콘셉트로 나타났는데 사용자 중심의 선순환 구조이다. Robert Kyncl & Maany Peyvan*(2017)은 유튜브의 특징은 상호작용이라고 하였듯이 사이 콘텐츠 기획은 디지털 기술 세계에서 공존의 법칙을 찾아가는 문화적 실천이다.

③ SNS와 소셜 콘텐츠

소셜 미디어(Social Media)는 말하기의 도구가 아니라 읽기의 도구로 미디어와의 소통이 핵심 화두이다. 자기 표현이 없는 개인은 존재감이 없는 부재(不在)의 존재로 인식되기에 적극적으로 자기를 드러내려고 한다. Jeremy Rifkin(1945~)이 말한 연극적 자아(自我)가 현대인에게는 강하여 소셜 미디어를 통해 자기를 표현하며 소통을 시도한다. 그런데 소통을 하기 위해서는 타자를 이해해야 하고, 타인에 대해 이해하기 위해서는 공감의 의지가 필요하다.

적극적인 소통을 위해 메타데이터 성격의 해시태그(hashtag), 위치까지 알 수 있는 지오태그(geotag)가 등장하였다. 소셜 미디어를 통한 기술적 상상은 새로운 참여와 연대의 장이 되었다.

---

* 한국에서는 2018년 「유튜브 레볼루션」으로 출간되었지만 원제는 「Streampunks: YouTube and the Revolutionaries Remaking Entertainment」 이다.

그러면서 읽기의 도구에 맞는 SNS스마트문학이 사랑을 받고
있다.

④ 웹 드라마와 브랜디드 콘텐츠

웹 드라마(Web Drama)는 웹이나 모바일에서 볼 수 있는 회당
10~15분 가량의 짧은 드라마를 위해 브랜드(brand)와 콘텐츠
(contents)가 합쳐진 브랜디드 콘텐츠(branded contents)가 등장하였
다. 모바일 환경에 최적화된 콘텐츠 포맷과 일상과 밀착된 스
토리를 기획하는 것이다.

간단히 부담 없이 소비하는 스낵문화(snack culture)와 TV뿐만
이 아니라 스마트폰, 태블릿PC 등 화면이 제공되는 N스크린
서비스로 스크린 노출 빈도가 높아져서 공감형 에피소드가 아
니면 소비자의 선택을 받기 어렵다.

그래서 여러 개의 에피소드로 구성되었다는 뜻을 가진 웨비
소드(webisode)가 웹(web)과 에피소드(episode)의 합성어로 만들어
졌다.

제품의 이름(what), 기능(how), 고객의 삶에 어떤 가치(why)를 주
는가로 브랜드의 성패가 결정되는데 골든 서클(Golden Circle)의
원리는 고객의 삶에 어떤 가치를 주는가부터 시작한다. 그래
서 직접 체험할 수 있도록 하여 브랜드에 대한 신뢰와 충성도
를 높인다.

⑤ 트랜스 미디어와 파생 콘텐츠

융합(convergence)이라는 말은 벌써 지나간 문화가 되었다. 이제는 트랜스 미디어(transmedia) 시대이다. 웹툰으로 만든 드라마가 성공을 하면 프리퀄(prequel)이 제작된다. 드라마 주인공의 과거 시점으로 돌아가서 다시 한 번 회상하며 드라마의 성공을 이어가는 것이다.

원작과 다른 관점에서 사건을 전개하는 스핀오프(spin-off)로 제작하기도 한다. 예를 들어 각국 청년들이 스튜디오 안에서 각국의 문화에 대한 열띤 토론으로 구성하던 JTBC 〈비정상회담〉(2014~2017)을 〈내 친구의 집은 어디인가〉(2015~2016)로 방송한 것인데 이것은 〈비정상회담〉 출연자의 나라에 가서 그의 고향을 둘러보며 스튜디오에서 벌이던 토론을 직접 보여 주는 현장 체험 형식으로 제작하였다.

그리고 콘텐츠가 성공하면 2부, 3부의 후속 프로그램을 제작하는데 이것이 시퀄(sequel)이다.

요즘 관객은 수동적인 관람자(audience)가 아니라 평가단으로 점수를 부여하여 결과에 영향을 미치고, 자기가 좋아하는 가수를 지목하여 인기를 실감하게 해 주는 행동하는 사용자(user)로 바뀌었다.

⑥ 공감형 콘텐츠

스타들이 팬들을 위해 자신의 일상을 공개하는 브이로그(vlog)가 유행인데 이것은 비디오(video)와 블로그(blog)가 합성된 것이다. 생산자와 수용자가 상호작용을 하는 소통(interactive) 콘텐츠로 많은 공감을 불러일으키고 있다.

⑦ 로컬 콘텐츠

로컬(local) 콘텐츠는 나에서 너를 거쳐 우리로 향하는 관계의 진화이자 이야기의 확장으로 작은 출발이지만 특성이 있다면 전국적인 콘텐츠로 사랑을 받을 수 있는 확장성이 있어서 로컬 콘텐츠가 주목을 받고 있다.

⑧ VR(가상현실) 다큐

다큐멘터리 제작에도 큰 변화가 일어나고 있다. 특수영상이나 시각효과가 들어간 VFX(Visual Effect)의 등장이다. 실사 장면에 컴퓨터 도형 CG(Computer Graphics)를 넣어서 가상현실인 VR(Virtual Reality)의 다큐멘터리로 더욱 생생한 그 당시의 상황을 볼 수 있다.

⑨ 콘텐츠 액티비즘과 저널리즘 콘텐츠

액티비즘(activism)은 사회적 변화를 목적으로 실천하는 행동

(보이콧, 파업, 단식, 시위)으로 미디어를 활용한다. 액티비즘은 운동가 (activist)의 행동반경과 표현방식에 의해 결정되는데 콘텐츠 액티 비즘은 변화를 모색하기 위해 콘텐츠를 기획하고 창작하여 유 통하는 저널리즘의 실현 과정이기도 하다.

예전에도 지금도 사람은 예술 생활을 해 왔고 현재 하고 있 으며 앞으로도 하게 된다. 예술인은 보기 위해 창작한다. 일단 은 자기가 보고 만족스러우면 타인에게 자기의 작품을 보이고 싶은 욕구를 갖고 있다. 그래서 소통이 이루어지는 것이다.

예술 생활은 첫째는 대상을 즐거움으로 받아들이는 관조(觀照) 향유이고(문화), 둘째는 창작(예술)이며, 셋째는 해석(비평)이다.

대상을 즐거움으로 받아들이는 기쁨은 창조를 낳고, 창조는 기쁨을 낳는다. 그래서 예술은 사람을 즐겁게 만든다. 사람에 게는 예술 의지라고 불리는 창작에 대한 충동이 있는데 창작 에 의한 창조는 무(無)에서 유(有)를 만들어 낸다. 이런 창작의 원동력은 타고난 소질에 의한 것이 아니고 표상(表象) 작용 속 에서 자각되어 가는 인간의 삶이다. 따라서 잠재된 능력을 자 각시키면 누구나 무에서 유를 창조할 수 있다.

3. 복지

1) 사회복지의 개념

고대 이집트 통치자 파라오(pharaoh)는 신이 준 질서의 수호자로 백성의 경제적 복지와 정신적 행복을 책임졌다. 파라오가 질서의 신이라는 것은 나라를 다스리는데 가장 필요한 것은 원칙에 따른 분배이기 때문이다. 분배를 잘 해야 백성이 경제적으로 풍요롭고 정신적으로 행복하다.

중국 「논어」에는 가난을 걱정하지 말고 불평등함을 걱정하라고 할 정도로 불평등이 인간사회에서 가장 큰 문제라는 것을 알 수 있는데 불평등은 바로 잘못된 분배에서 발생한다.

또 플라톤의 「국가」에는 서로의 필요한 것들을 위해서 도움과 협력이 요구되며 분업과 교환의 원칙으로 운영되어야 한다고 하였고, John Rawls(1971)는 사회정의를 실현하기 위해서는 권력과 의무, 기회와 재화, 이익과 부담, 지위와 특권 등 사회적, 경제적 가치가 사회구성원들 사이에 어떻게 배분되어 있는가에 관심을 두고 응분의 몫을 누리는 상태가 되어야 한다고 하였다. 분배는 불평등과 빈곤 격차라는 문제가 발생하는데 이 문제를 해결하는 장치가 바로 복지이다.

Thomas Piketty(2014)는 자본주의가 전반적으로 불평들이 심화되는 법칙성을 갖고 있다고 하였다. 국민소득은 노동소득과 자본소득으로 나뉘는데 자본소득의 비중이 높을수록 불평등이 커진다.

19세기 후반에 다윈의 적자생존이론을 사회질서에 적용한 사회진화론에서는 빈곤을 개인의 문제로 간주하였지만 HansPeter Martin(2003)은 20대 80 사회 즉 상위 20%가 80%의 부를 차지하게 만들었다고 하였다. 이런 자본주의 사회가 만든 불평등한 빈곤이라는 사회문제를 해결하기 위해 사회복지가 필요하게 되었다.

Wilensky & Lebeaux(1958)는 사회복지 관점은 역사적으로 산업화가 되면서 소수 약자에게 일시적으로 지원하는 잔여적 사회복지에서 생활의 모든 측면에서 사회보장을 위한 사회적 서비스를 실시하는 제도적 사회복지로 발전하였다고 하였다.

자본주의 경제체제는 정부와 시장개입 정도에 따라 세 가지 유형으로 발전되어 왔다. 정부가 시장에 개입하는 방법은 세금과 규제인데 복지는 세금과 연관성이 많다.

① 초기 자본주의

Adam Smith(1723~1790)는 시장에서의 자유로운 경쟁이 사회의 부를 증진시킨다는 자유시장을 주장하였다. 하지만 자유시장은 자본력을 가진 사람들이 막대한 부를 축적하게 만들었고, 노동자를 희생시키면서 소비가 위축되어 경제공황이 일어났다.

② 후기(수정) 자본주의

이런 문제를 해결하기 위해 영국의 경제학자 Keynes, J. M.(1883~1946)가 세금을 통해 부를 재분배하는 수정자본주의를 주장하였다. 공공사업을 통해 일자리를 창출하고, 공공사업의 자금으로 재투자하여 경제의 선순환 구조를 만드는 분배 중심 정책으로 어느 정도 효과를 보았으나 경기 침체와 장기 불황으로 물가가 상승하는 문제가 생겼다.

③ 신자유주의

그래서 시카고학파가 규제를 줄이고 세금을 낮추는 성장 중심 정책을 폈다. 그러자 사회적 약자에 대한 복지가 줄어들어 생존권에 위협을 받았다.

이렇듯 자본주의의 성장과 분배는 대립하는 것 같이 보이지만 그것은 옳고 그름의 문제가 아니라 각각의 장단점을 인정하고 보완해 나가며 발전시켜야 한다. 성장과 분배는 대립하는 개념이 아니고 우선 분배냐 이후 분배냐 하는 시기의 문제이다.

　사회복지를 이념에 따라 살펴보면 자유주의에서는 사회정의를 위해 사람들의 권리를 보호하는 것이고, 보수주의는 정부가 사람의 삶에 최소한의 관여만 해야 한다고 하였으며, 급진주의 관점은 빈곤은 지배 계급의 착취 때문에 생긴 것이어서 사회개혁을 통해 새로운 사회를 만들어야 한다고 하였다.

　이런 관점에 따라 복지국가의 유형이 나눠지는데 자유주의적 복지국가는 소득에 기초한 공공부조(미국, 캐나다 등)를 실시하고, 보수주의적 복지국가는 재분배 효과가 적으며(독일, 프랑스 등), 사회민주적 복지국가는 평등의 확대와 완전고용정책(스웨덴 등)을 편다.

　결론적으로 John M. Romanyshyn(1971)은 사회복지 개념이 보완적인 것에서 제도적인 것으로, 자선을 베푼다는 입장에서 시민의 당연한 권리로, 특수한 봉사활동이라는 성격에서 보편적인 활동으로, 최저 조건의 조성에서 최적 조건의 조성으로, 개인적 차원에서 사회적 차원으로, 자발적인 것에서 공공적인 것으로, 빈민구제에서 복지사회의 건설로 점차 변화해 왔다고 하였다.

2) 사회복지 실천

사회복지를 실천하는 목적은 인간의 삶의 질 향상과 인간의 사회적 기능 증진에 있고 사회복지의 기능은 사회적 기능을 증진시키고 사회정의를 향상시키는 데 있다.

목적	대안
• 인간의 삶의 질 향상 • 인간의 사회적 기능	• 사회적 기능 증진 • 사회정의 향상

사회복지 실천의 철학적 배경은 상부상조와 상호부조 정신(품앗이, 두레 등), 자선과 사랑 등의 종교적 윤리(구빈 활동), 인도주의와 박애 사상(인간성 존중), 사회진화론(적자생존의 자연법칙), 민주주의 사상(평등 사상), 개인주의(개별화 중시)에서 찾을 수 있다.

상부상조, 상호부조 정신	품앗이, 두레 등
자선, 사랑 등의 종교적 윤리	구빈 활동
인도주의와 박애 사상	인간성 존중
사회진화론	적자생존의 자연법칙
민주주의	평등 사상
개인주의	개별화 중시

사회복지 실천 방법은 개인의 욕구를 충족시키는 기능을 보충적, 일시적으로 실시하는 잔여적 복지(residual welfare provision)와

국가의 책임으로 포괄적이며 보편적 서비스를 실시하는 제도적 복지(institutional welfare provision)로 나뉘어진다.

규모에 따른 분류는 미시적(micro) 복지, 중범위적(mezzo) 복지, 거시적(macro) 복지가 있으며, 클라이언트 접촉 유무에 따라 직접 실천과 간접 실천이 있다.

규모에 따른 분류
- 미시적(micro)
- 중범위(mezzo)
- 거시적(macro)

클라이언트 접촉 유무에 따른 분류
- 직접 실천
- 간접 실천

(1) 가치와 윤리

사회복지 실천에 있어 가장 중요한 것은 가치와 윤리의 문제이다. 가치는 사회적으로 합의된 신념에서 나오는데 Pumphrey의 가치체계는 궁극적 가치, 중간단계의 가치, 수단적 가치로 이루어져 있지만, 사회복지 현장에서는 개인적 가치, 사회적 가치, 기관의 가치, 전문직 가치가 더 크게 작용한다.

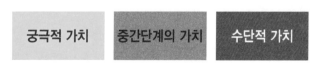

궁극적 가치　중간단계의 가치　수단적 가치

〈그림4〉 Pumphrey의 가치체계

개인적 가치	사회적 가치	기관의 가치	전문직 가치

〈그림5〉 사회복지 현장에서의 가치

사회복지 실천의 주요 가치를 정리하면 다음과 같다.

① 본질적 가치

인간 존엄성을 존중하는 것과 배분으로 사회정의를 실현하는 것이다. 이것은 사회복지 실천뿐만이 아니라 인간 삶의 가치이기도 하다.

② 기본 가치

Friedlander는 사회복지 실천의 기본 가치로 인간의 존엄성, 인간의 자율성, 기회의 균등성, 사회적 책임성을 들었고, 전미 사회복지사협회(NASW. 1995)에서 제시한 사회복지 실천의 기본 가치는 개인의 가치와 존엄성, 개인에 대한 존경, 개인의 변화 가능성, 이용자의 자기 결정권, 비밀보장, 사생활보장, 적절한 자원과 서비스 제공, 역량 강화, 동등한 기회 보장, 비차별성, 다양성이다.

Levy는 사회복지 전문직의 가치도 언급하였는데 첫째, 사람 우선의 가치(인간에 대한 바람직한 개념), 둘째, 결과 우선의 가치(목표로 정한 결과에 대한 개념), 셋째, 수단 우선의 가치(인간을 대하는 바람직한 방법)를 들었다. 사회복지는 현장에서 실천을 하는 전문가들의 가치관과 윤리의식에 따라 이용자에게 미치는 영향에 커다란 차이가 나기 때문에 자세히 살펴볼 필요가 있다.

사회복지 전문직의 가치는 도덕적 판단 기준이 되어 무엇이 좋고 바람직한가를 판단하게 하며, 윤리는 규범의 총체로 무엇이 옳고 그른가를 판단하게 된다. 따라서 사회복지 가치에서 윤리적 원칙이 나온다고 할 수 있다. 그런데 사회복지 실천 현장에서 종종 가치의 갈등이 생긴다.

윤리적 의무가 서로 충돌해 실천 행동을 선택하는 것이 힘든 상태로 윤리적 갈등(dilemma)에 빠지게 된다. 주로 가치의 상충, 의무의 상충, 이용자 체계의 다중성, 결과의 모호성, 권력의 불균형에서 생긴다. 윤리적 갈등 상황에서 결정의 근거가 되는 가치 기반은 이용자의 자기 결정권, 이용자의 비밀보장 그리고 진실을 말할 의무이다.

Loewenberg & Dolgoff는 윤리적 갈등의 조정을 위해 윤리 원칙 7가지를 발표하였다.

원칙 1. 생명 보호의 원칙

원칙 2. 평등과 불평등의 원칙

원칙 3. 자율성과 자유의 원칙

원칙 4. 최소 손실의 원칙

원칙 5. 삶의 질 원칙

원칙 6. 사생활 보호와 비밀보장의 원칙

원칙 7. 진실성과 성실의 원칙

(2) 문제접근이론

Gordon[1969]은 환경 속의 인간(PIE: Person In Environment)을 주장하였다. 인간은 환경의 영향을 가장 많이 받는다는 것이다. 사회 환경에 따라 인간의 삶이 달라지기 때문에 환경이 중요하다.

① 일반체계이론

개인과 환경을 인과적 관점에서 보는 것이 아니라 두 체계를 상호 보완적인 전체로 파악하여 의료적 모델에서 다원론적 관점으로 전환한다.

② 사회체계이론

일반체계이론은 체계라는 추상적 개념으로 설명하지만 사회체계이론은 가족, 조직, 지역사회, 문화 등 구체적인 사회체계를 다룬다. Pincus & Minahan[1973]은 4체계이론으로 이용자체계, 변화매개체계, 표적체계, 행동체계로 설명하였고, Compton & Galaway[1983]은 6체계이론으로 4체계이론에 전문가체계, 문제인식체계를 추가하여 보완하였다.

③ 생태체계관점

생태학에 일반체계이론이 보태져서 인간의 심리적 과정이 생물학적, 대인관계적, 문화적, 경제적, 조직학적, 정치적 요인 사이의 복잡한 상호작용의 발현으로 보는 것이다. 이런 요인들이 상호작용하면서 일생을 통해 인간행동에 영향을 미친다는 이론이다.

3) 사회복지정책

Jones[1977]은 정책의 5요소로 목표, 계획, 프로그램, 결정, 효과를 들었는데 사회복지정책은 사람들의 기본적인 필요를 개별적으로, 직접적으로, 비시장적으로, 공식적인 조직이나 제도를 통해 비영리적 부문에서 해결해 주는 것이다.

사회복지정책을 국가가 주도해야 하는 이유는 사회복지의 재화나 서비스에 다음과 같은 성격이 있기 때문이다.

-공공재적인 성격을 갖고 있다.

-긍정적인 외부효과가 크다.

-선택에 정보가 중요하다.

-역의 선택(adverse selection)의 문제를 해결해야 한다.

-도덕적 해이의 문제를 해결해야 한다.

-위험 발생의 문제를 해결해야 한다.

-규모의 경제(economy of scale)문제를 해결해야 한다.

그런데 사회복지정책의 목표는 평등과 효율로 평등은 다음 질문에 답할 수 있어야 한다. 누구를 평등하게 할 것인가라는 질문에 사회적 위치의 차이, 집단별 차이, 지역별 차이를 극복해야 하고, 어떠한 평등인가라는 질문에 결과의 평등이 아닌 평등 수준을 고려해야 하며, 어떻게 평등하게 할 것인가라는 질문에 기회의 평등, 정치 권력의 평등을 이루어야 한다.

다음은 사회복지정책의 효율의 문제로 목표 효율성과 운영 효율성을 생각하는 수단으로써의 효율과 배분적 효율을 따져 봐야 한다.

사회복지정책 서비스를 실천하는 형태로 현금, 현물, 증서 (voucher), 기회, 권한이 있는데 현재 현금, 현물, 증서는 실시되고 있으나 기회와 권한이 사회복지정책으로 서비스되고 있지 않다. 앞으로 사회복지정책은 모든 사람들에게 공정한 기회를 주고 사회 소외계층도 모든 권한을 자유롭게 누릴 수 있는 사회복지정책이 마련되어야 진정한 사회복지가 될 수 있을 것이다.

2부 문화복지

1. 문화복지 특성

문화적 삶이란 주체적인 삶이다. 문화와 복지가 만나 문화복지가 되려면 더욱 주체적인 행동 양식이 필요하다. 그 이유는 문화복지는 생산적 복지와 예방적 복지와 관련이 깊기 때문이다. 능동적으로 문화의 주체가 되어야 시혜적인 복지가 아니라 문화를 생산하며 사회가 발전할 수 있다.

1) 문화와 복지의 관계

우리나라에서 문화복지(Cultural Welfare)라는 용어가 처음으로 국가기관에서 사용된 것은 문민정부(김영삼) 때인 1996년 2월 문화체육부에서 발표한 '삶의 질 세계화를 위한 문화복지 기본 구상'을 구체화하기 위하여 작성된 보고서인 '문화복지 중장기 실천 계획(안)'이다.

오혜경(2006)은 문화복지란 문화적 삶을 가능하게 하려고 제도적 여건을 제공하는 것이며, 그 대상은 국민 전체가 되어야 하나 현실적으로는 사회적 소수자로 한정된다고 하였다.

문화복지는 우리나라에서 생성되어 사용된 행정용어로 학문적 연구를 통해 등장한 학술용어가 아니다. 문화복지는 복지 선진국에서조차 극히 일부에서만 사용한다. 노르웨이 Bakke Marit(2004)가 노르웨이 복지사회 형성 시기의 문화에 대한 의회 논쟁에서 언급한 정도이다.

행정에서 문화복지가 등장한 이유는 문화 소외현상을 해소시키기 위해서이다. 경제적 자본 이외에 문화적 자본도 불평등의 원인이 된다는데 주목해야 한다. 프랑스 사회학자 Pierre Bourdieu(1930~2002)는 문화적 자본을 세 가지로 분류하였다.

-체화된 형태: 품위, 교양 등 오래 지속하는 성향
-객체화된 형태: 책, 그림, 악기, 기계, 건물 등 소유물
-제도화된 형태: 졸업장, 자격증 등 능력의 인증

이런 문화적 자본이 사회적 위치를 규정해 버리기 때문에 불평등이 생기는 것이다.

Kotler(2006)는 가난한 사람들을 일률적으로 같은 생각을 하는 사람으로 간주하고 지원하는 방식은 빈곤이 악순환된다고 하였고, Gladwell(2000)은 문화적 수준의 시각이 반영된 세심한

프로그램이 빈곤을 퇴치할 수 있다고 하였다.

선우숙(2012)은 인간의 목표인 행복은 욕망을 채우는 것이지만 욕망을 충족시키는 것은 한계가 있다. 인간의 행위는 욕망과 가치관이 지식과 정보와 어떤 방식으로 결합하느냐에 따라 행복이 결정된다고 하였다.

정갑영(2002)은 복지국가는 빈민을 대상으로 물질적 보장을 해 주는데 치중하지만 복지사회는 모든 시민의 삶의 질과 생활의 즐거움을 적극적으로 추진하기에 사회구성원 모두가 높은 도덕성을 바탕으로 서로의 개별성과 존엄성을 존중한다고 설명하였다.

그래서 사회복지의 개념이 단순히 경제적 욕구에 대한 개입에서 나아가 무형적인 문화와 정신적인 면까지 고려한 복지로의 확장된 욕구로 등장하였다. 사회복지는 시혜적 성격으로 선순환적인 구조를 갖지 못하는 단점이 있기에 문화적 재화의 분배를 통한 선순환 구조를 갖는 복지로의 전환이 요구되었던 것이다.

2) 문화복지의 개념화

남상문(2011)은 사회복지가 삶의 여건 개선이라면 문화복지는 삶의 질 향상이라고 설명하였다.

(1) 복지 속의 문화

사회복지 하위 영역으로써의 문화복지를 말하는 세 가지 논거를 첫째, 개인과 사회의 새로운 사회적 위험에 대한 대처 능력 향상, 둘째, 사회복지 개념 및 정책 영역 확장의 필요성, 셋째, 문화가 공공 부문으로 인식되면서 발생하는 문화적, 사회적 책임 증가에서 찾았다.

계층 간, 세대 간, 지역 간 문화적 격차 완화 및 문화에 대한 공공 지원의 필요성이 인식되면서 사회복지 속에서 문화복지를 찾게 되었다. 사회복지 관점에서 문화 소외계층에게 문화예술의 경험을 제공하고 이를 지원한다면 소득 재분배와 문화 정체성 형성 및 사회통합의 효과를 가져올 수 있기 때문이다. 문화복지는 사회복지 개념을 제도적, 보편적 복지로 확장시키며, 사회 전반의 가치관을 형성하고, 새로운 상황에 적절히 대응하는 창의력과 적응력을 갖도록 한다.

(2) 전문 영역의 문화복지

복지는 인간과 사회문제를 다루는 학문으로 사회문제는 욕구이다. 욕구는 원하는 것(want), 필요한 것(need)으로 필요한 내용과 정도에 따라 우선 순위가 정해진다.

매슬로(Maslow) 5단계 욕구에서 생리적 욕구와 안전의 욕구는 사회복지 영역이고, 존경의 욕구와 자아실현의 욕구는 문화복지 영역이며, 소속의 욕구는 사회복지와 문화복지에 모두 속한다(박관후&선우숙, 2014). 이것을 그림으로 표시하면 〈그림6〉과 같다.

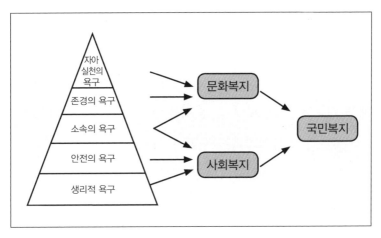

〈그림6〉 매슬로 5단계 욕구와 문화복지의 관계

이를 바탕으로 전문 영역에서의 문화복지를 살펴보면 다음과 같다.

① 복지 영역의 확장

문화복지를 인간의 기본권으로써 문화권 확보, 문화예술 향유 및 참여를 통해 얻을 수 있는 사회적, 경제적 가치 극대화로 복지가 영역을 확장한다는 것은 빈곤을 개인의 책임으로만 한정할 수는 없다는 것을 의미한다.

② 복지의 문화적 접근

문화에 복지가 결합되면 복지 영역은 협의의 문화복지로 해석되고 문화 영역은 광의의 문화복지가 된다. 문화복지는 주체성을 갖고 참여자가 생산자가 되고, 소비자가 되는 형태의 복지로 하드웨어보다 인간의 창조성과 감수성 같은 휴먼웨어가 중요하다. 그래서 문화복지를 사회복지의 대안으로 보고 있다.

사회복지에서 바라보는 문화복지는 〈그림7〉에서처럼 소득보장을 해 주는 협의의 사회복지에서 보건, 교육, 주거 등 서비스를 해 주는 광의의 사회복지로 발전하고 거기에 문화가 포함되어 최광의의 사회복지가 되는 것을 말한다.

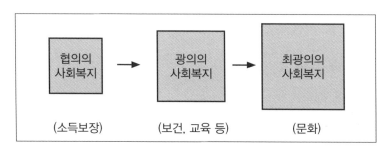

〈그림7〉 사회복지에서 바라보는 문화복지

문화계에서 바라보는 문화복지와 사회복지를 비교(김세훈&조현성, 2008)하면 〈표4〉와 같다.

〈표4〉 문화복지와 사회복지를 비교(김세훈&조현성, 2008)

구분	사회복지	문화복지
개념	생존문제해결	삶을 풍요롭게
대상	저소득층	전 국민
지향점	복지사회	창의적 사회
주요관심	생존권 보장	사회 역동성
공공정책화 시기	영국 비버리지 보고서 (한국 7~80년대)	문민정부의 세계화
개념의 보편성	보편적 개념	한국적 상황
특징	사후 처방	예방적
법적근거	사회권	문화권

③ 문화의 복지적 접근

문화의 복지적 접근은 문화를 사회에 알리기 위한 방법으로써 복지를 전달체계로 활용하는 것이다. 초기에는 문화가 복지 전달체계를 통하여 일방적으로 개인에게 전달되는 문화민주화 단계였으나 스스로가 원하는 문화의 다양성을 보이고 본인들이 선택하고자 하는 문화를 요구하는 문화민주주의로 발전하였다.

양혜원(2013)은 문화에 대한 개념은 사회생활 전반에 나타나는 모든 의식을 포함한 활동을 뜻하게 되었다고 하며, 문화복지는 전문성을 바탕으로 한 상호 협력이 긴밀하게 이루어진다고 하였다.

④ 문화 생산과 소비의 일치

문화의 주체성 확보로 시민들이 문화 생산자인 동시에 참여자로서의 소비자가 되는 구조이다. 문화가 곧 복지가 되는 유기적 구조가 문화복지로 문화 또는 복지의 일부 영역으로 인식된다.

문화복지는 국민의 문화로 국민이 문화 매개자, 창조자, 향유자, 수혜자이며 문화복지정책은 크게 문화복지 인프라 구축과 서비스 제공으로 구분된다. 문화복지를 수행하기 위해서는 문화복지 개별법 제정, 전문 집행기관 설립, 문화복지 전문 인력 양성이 필요하다. 전문 인력은 문화 소외현상을 진단하고 문화복지의 활성화 방안을 모색해야 한다. 문화복지는 변화하는 세계 속에서 새롭게 요구되고 있는 삶의 능력을 키우기 때문이다.

문화와 복지가 일치하여 문화 생산자가 복지의 소비자가 되어 시민 모두의 참여로 주체성을 확보하면서 선순환 구조를 가지는 것이 문화복지의 구조이다.

문화복지의 개념화 과정은 〈그림8〉에서 보듯이 복지 속의 문화로 인식되기도 하고, 문화 속의 복지로 해석하기도 하는데 이 경우에는 복지를 협의의 문화복지로 문화를 광의의 문화복지로 본다. 그런데 문화복지의 고유 영역은 이 두 가지가 서로 상호작용하며 겹쳐지는 부분이다.

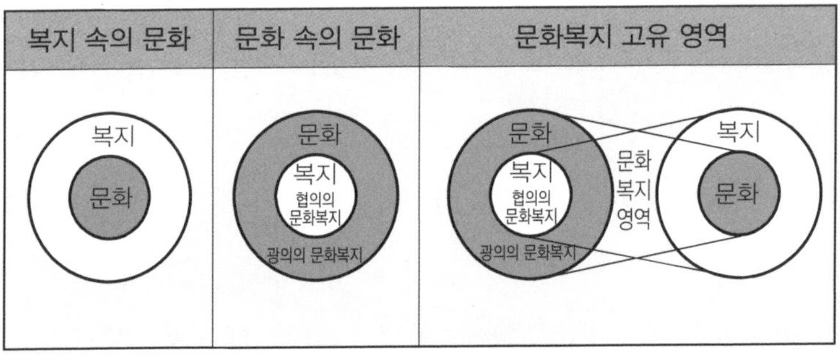

복지 속의 문화	문화 속의 문화	문화복지 고유 영역
복지 문화	문화 복지 협의의 문화복지 광의의 문화복지	문화　　　복지 복지　문화 협의의　복지 문화복지　영역 　　　　　문화 광의의 문화복지

〈그림8〉 문화복지의 개념화 과정

3) 문화복지의 가치

복지정책은 근로 능력이 없는 사람들을 대상으로 인간적인 최소의 삶을 유지하도록 지원하는 정책을 말한다. 그래서 1차 정책인 사회 안전망으로 4대 보험제도를 만들었고, 그것으로 해결이 안 되는 사람들을 위해 2차로 기초생활보장제도를 마련하였다.

박종삼(2012)은 문화적 수준의 향상에 대한 기대는 복지의 문화적 실천을 강화하며 문화적 복지에 대한 정책적 고려를 강력하게 요구하고 있다고 하였고, 장세길&신진옥(2012)은 사회복지는 산업화에 따른 사회적 문제해결로 20세기 산물이며, 문화복지는 창조경제 전환에 따른 문제해결로 21세기 산물이라고 하였다.

최종혁(2009)은 문화복지의 방향으로 문화적 향유의 접근, 문화적 욕구 충족, 새로운 세계에 대한 기회 제공을 꼽았다. 문화복지는 인간다운 삶을 실현하기 위한 것으로 좁게는 경제적, 문화적 취약층을 대상으로, 넓게는 일반 대중에 확대하여 문화적 감수성, 창의적 사고, 잠재 역량을 높이도록 하기 위한 직·간접적인 문화예술적 노력이다.

문화복지의 이론적 근거는 문화예술 향유가 가지는 양의 외부성과 문화예술 재화의 경험재적 성격 그리고 문화예술 재화의 가치재적 성격에 있기 때문에 문화예술에 기반을 두고 있다.

그런데 문화 영역에서 복지와 결합한 독립적인 영역 또는 사회복지 하위 영역으로 보고 문화복지를 사회복지의 일부로 해석하면서도 사회복지의 물질적 지원으로 해소되지 못하는 부분을 정신적 지원으로 접근하는 독자적 영역으로 받아들이고 있다. 정갑영(1995)은 국민의 보편적 삶의 질 향상을 위한 중요한 수단으로써 문화가 인식되어 문화가 국가발전의 새로운 동력이 될 수 있다는 인식하에 문화를 통해 얻어지는 창의성에 주목하였다.

인간에게 가장 중요한 것은 만족, 복리(福利), 존엄성으로 먼저 의식주 문제가 해결된 복지상태에서 인간관계 속에서 발생하는 존엄성을 스스로 선택하여 삶을 유지해 감으로써 만족을 얻기 위해 문화 활동이 필요하다. 심리학자 Martin Seligman 은 행복한 삶은 즐거운 삶, 적극적인 삶, 의미 있는 삶을 실천하는 과정이라고 하였듯이 행복한 삶은 의식주 문제로만 해결되지 않는다는 것을 알 수 있다.

박관후(2016)는 문화를 중심으로 삶의 질이 윤택해질 수 있도록 자발적이고 주체적인 참여를 통해 즐거움으로 소통하며 상부상조하여 복지의 선순환 관계망을 형성하는 것이 문화복지가 만들어 내는 가치라고 하였다.

2. 문화복지 역사

1) 문화복지 등장 배경

사회복지가 생존을 위한 최소한의 물질적, 경제적 조건을 마련해 주는 것이라면 문화복지는 인간으로서 누려야 할 최소한의 정신적, 문화적 욕구의 충족을 위한 것으로 문화적 소외계층을 위해 문화복지가 등장하였다.

1970년대에는 문화란 배부른 소리여서 언급조차 하지 못하였다. 1996년 문화체육부 내에 설치된 문화복지기획단이 '문화복지 중장기 실천계획'을 수립·발표하면서 본격적으로 시작되었고, 2011년 문화 바우처사업의 대폭적 확대는 기존의 문화복지정책 패러다임의 변화를 가져와 2012년 '소외계층의 문화향유 확대 지원방안'을 발표하였다.

문화 소외계층 지원방안은 5가지로 정리할 수 있다.

첫째, 문화예술, 관광 및 스포츠 향유와 체험 기회를 확대하

기 위해 분야별 바우처 발급

둘째, 장애인, 농어촌, 다문화가정 및 복지시설 등 문화적 접
  근성이 낮고 문화 인프라가 부족한 취약계층에 대한
  대상별, 지역별 맞춤형 프로그램 지원

셋째, 여가 시간과 문화 수요가 많은 노인과 청소년에 대해
  건전한 여가 활동과 문화적 감수성과 창의성을 증진할
  수 있는 기회 제공

넷째, 유해 환경과 학교 폭력에 노출된 청소년들의 건전한
  여가 문화 활동 환경을 조성하고, 청소년들이 미래 문
  화 창조자로서의 역량을 갖출 수 있도록 지원

다섯째, 문화복지 지원사업들을 정부의 일방적 지원이 아닌
  예술인 및 스포츠 선수 등의 재능기부와 같은 문화
  자원봉사활동 등과 연계하여 추진

김영삼 대통령이 삶의 질 세계화 선언(1995. 3. 23)을 구체화하
는 '문화복지 기본구상'에서 결핍으로부터의 자유라는 사회복
지 개념에서 벗어나 삶의 질 향상이라는 문화복지 기반을 마
련하였다. 물질적 욕구 충족의 경제복지와 신체적 욕구 충족
의 사회복지 그리고 정신적 욕구의 충족 즉 정신적 삶의 풍요
로움을 가져다 주는 문화복지를 포괄하여 국민복지로 확장하
였다.

복지사회 발전이 문화복지의 근간이 되는데 문화복지의 복지적 측면과 문화적 측면을 살펴보면 다음과 같다.

(1) 복지적 측면

복지국가는 세금을 통해 자원을 갹출하고 복지제도를 통해 국가 주도로 자원을 지원하였는데, 신자유주의 등장으로 복지사회로 전환하여 규제를 줄이고 세금을 낮추는 성장 중심 정책을 폈다. 복지국가는 자유주의 진화 과정에서 발생한 것이고, 복지사회는 복지국가의 병폐를 극복하기 위해 나타난 것이다.

(2) 문화적 측면

기술 발전으로 문화의 대량생산과 대량 분배가 가능해져서 영화, TV 등의 새로운 미디어 출현으로 대중매체를 통해 대중문화가 형성되었는데 대중을 주체성 없는 수동적이고 열등한 집단으로 간주하면서 대중문화에 대해 부정적으로 인식하게 되는 분위기 속에서 대중문화의 문화소비 과정 가운데 문화적 실천의 잠재력을 찾으려는 긍정적 시각으로 대중문화를 보는 민중문화(popular culture)가 나타났다.

문화복지의 이론적 근거가 되는 문화민주화와 문화민주주의를 설명하면 다음과 같다.

① 문화민주화(democratizing culture)

고급 문화인 순수예술을 보다 많은 국민들에게 보급하는 것이 목적으로 낭만주의에 기원을 두고 있으며, 하향식 방식(top-down)으로 할인 형태로 실천되었다.

② 문화민주주의(cultural democracy)

문화민주화가 순수예술에만 국한시키는데 반대하여 모든 사람의 창조적 소양을 개발하고 참여시키는데 목적이 있다. 그래서 평등주의적 개념에서 기존 질서와 제도에 거부하는 아방가르드(avant-garde)* 운동이 일어났다. 모든 사람은 창조적 소양(creative mind)이 있으며, 일상생활에서 창조적 활동(creative activity)을 할 수 있다. 자신을 위해 노력하는 과정에서 관계의 질과 예술 기능이 성장한다는 문화 다원주의를 추구하는 것이다.

문화민주화와 문화민주주의를 비교하면 〈표5〉에서 보듯이 문화민주화와 문화민주주의는 문화적 불균형을 강조하는 것은 공통이지만 문화민주화는 전문가 중심이고, 미학적 질을 보고, 생산물을 중요시 여기고, 수직적(국민을 위한 문화)이지만 문화민주주의는 아마추어 중심이고, 사회적 동등성을 보며, 과

---

* 제1차 세계대전 이후의 전 세계적 위기상황에서 비롯된 20세기 초의 혁신적인 예술 경향을 일컫는 용어로 전위주의이다.

정을 중요시 여기고, 수평적(국민에 의한 문화)이다.

문화민주화는 저렴하고 편리하게 구입할 수 있도록 분배하지만(문화적 불평등 심화) 문화민주주의는 스스로 창조력을 갖추도록(엘리트 중심의 고급문화와 문화 창조자로서의 대중문화가 공존하는 문화 다원주의)한다.

문화민주화는 모든 사람을 위한 문화(culture for everybody)이고, 문화민주주의는 모든 사람에 의한 문화(culture by everybody)로 개인의 자율적 선택과 다양한 취향을 행사할 기회를 보장한다.

〈표5〉 문화민주화와 문화민주주의 비교

문화민주화	문화민주주의
문화의 단일성	문화의 다양성
기관(제도) 중심	비전문가 조직
기회의 기성화	역동적 활성화
구조 중심	활동 중심
전문가 중심	아마추어 중심
미학적 질	사회적 동등성
보전	변화
전통	개발과 역동성
향상	개별 활동
생산물	과정

문화복지는 모든 사람의 문화(culture of everybody)에 속하는 것

으로 문화 향유 기회 확대를 통한 문화 학습과 문화예술교육의 경험과 문화 체험 활동의 축적을 통해 일반 시민의 창의성과 상상력을 토대로 문화 역량을 증가시켜서 문화국가의 이상을 실현하는 것이다.

지금까지 설명한 문화민주화와 문화민주주의 그리고 문화복지의 특징을 분석하면 〈표6〉과 같다

〈표6〉 문화민주화, 문화민주주의, 문화복지의 특징

문화민주화	시혜적, 고급문화	수직적	국민을 위한 문화
문화민주주의	상호소통, 문화 다원주의	수평적	국민에 의한 문화
문화복지	자기 주체적인 삶	순환적	국민의 문화

2) 문화복지 실태

유네스코는 인권으로서의 문화적 권리선언(1968)을 통해 문화권(cultural right) 확보를 위해 기회균등, 정보제공, 전문직원 배치, 시스템 구축, 예산 확보, 정책 다원성을 제안하였다.

(1) 법제도

정갑영(2005)은 표현할 수 있는 권리, 참여할 수 있는 권리, 접

근할 수 있는 권리를 문화권(cultural right)이라고 하였다. 문화권은 헌법 제11조(문화권)에서 '성별, 종교 또는 사회적 신분에 의하여 정치적, 경제적, 사회적, 문화적 생활의 모든 영역에 있어 차별을 받지 아니한다.'고 규정하였다.

이렇듯 헌법에 기본을 둔 문화권 관련 법률들을 정리하면 다음과 같다.

① 문화예술진흥법

– 제2조의1(정의): "문화예술"이란 문학, 미술(응용미술을 포함한다), 음악, 무용, 연극, 영화, 연예(演藝), 국악, 사진, 건축, 어문(語文), 출판 및 만화를 말한다.

– 제3조(문화예술교육 학습권 및 기회균등): 모든 국민은 나이, 성별, 사회적 신분, 경제적 여건, 신체적 조건, 거주지역 등에 관계없이 자신의 관심과 적성에 따라 평생에 걸쳐 문화예술을 학습하고 교육받을 수 있는 기회를 균등하게 보장받아야 한다.

– 제15조의3(문화 소외계층의 문화예술복지 증진 시책 강구): 국가 및 지방자치단체는 경제적·사회적·지리적 제약 등으로 문화예술을 향유하지 못하고 있는 문화 소외계층의 문화예술 향유 기

회를 확대하고 문화예술활동을 장려하기 위하여 필요한 시
책을 강구하여야 한다.

–제15조의4(문화 이용권의 지급 및 관리): 국가 및 지방자치단체는
「국민기초생활 보장법」에 따른 수급권자, 그 밖에 소득수
준이 낮은 저소득층 등 대통령령으로 정하는 문화 소외계
층에게 문화 이용권을 지급할 수 있다.

② 문화산업진흥기본법

–제1조(목적): 이 법은 문화 산업의 지원 및 육성에 필요한 사
항을 정하여 문화 산업 발전의 기반을 조성하고 경쟁력을
강화함으로써 국민의 문화적 삶의 질 향상과 국민경제의
발전에 이바지함을 목적으로 한다.

–제2조의1(정의): "문화 산업"이란 문화상품의 기획·개발·제
작·생산·유통·소비 등과 이에 관련된 서비스를 하는 산업
을 말한다.

–제15조1(우수문화상품의 지정·표시): 문화체육관광부장관, 시·도지
사 또는 시장·군수·구청장(자치구의 구청장을 말한다.)은 우수문화
상품을 지정할 수 있다.

—제15조의2^(우수문화 프로젝트의 지정 등): 문화체육관광부장관은 창작성 및 성공 가능성이 높은 문화상품 제작 프로젝트를 우수문화 프로젝트로, 경제적·기술적 파급효과가 큰 문화상품 제작자 및 문화기술 개발자를 우수문화 사업자로 각각 지정할 수 있다.

③ 문화기본법

—제2조^(기본 이념): 이 법은 문화가 민주국가의 발전과 국민 개개인의 삶의 질 향상을 위하여 가장 중요한 영역 중의 하나임을 인식하고, 문화의 가치가 교육, 환경, 인권, 복지, 정치, 경제, 여가 등 우리 사회 영역 전반에 확산될 수 있도록 국가와 지방자치단체가 그 역할을 다하며, 개인이 문화 표현과 활동에서 차별받지 아니하도록 하고, 문화의 다양성, 자율성과 창조성의 원리가 조화롭게 실현되도록 하는 것을 기본 이념으로 한다.

—제3조^(정의): 이 법에서 "문화"란 문화예술, 생활양식, 공동체적 삶의 방식, 가치 체계, 전통 및 신념 등을 포함하는 사회나 사회 구성원의 고유한 정신적·물질적·지적·감성적 특성의 총체를 말한다.

-제4조^(국민의 권리): 모든 국민은 성별, 종교, 인종, 세대, 지역, 정치적 견해, 사회적 신분, 경제적 지위나 신체적 조건 등에 관계 없이 문화 표현과 활동에서 차별을 받지 아니하고 자유롭게 문화를 창조하고 문화 활동에 참여하며 문화를 향유할 권리^(이하 "문화권"이라 한다)를 가진다.

-제7조^(문화정책 수립·시행상의 기본 원칙): 국가와 지방자치단체는 문화정책을 수립하고 시행할 때에는 다음 각호의 사항을 충분히 고려하여야 한다.

1. 문화의 다양성과 자율성이 존중되고 문화의 창조성이 확산되도록 할 것
2. 국민과 국가의 문화 역량을 높이기 위한 지원을 하고 여건을 조성할 것
3. 문화 활동 참여와 문화 교육의 기회가 확대되고, 문화 창조의 자유가 보장되도록 할 것
4. 차별 없는 문화복지가 증진되도록 할 것
5. 문화의 가치를 존중하고 문화의 역동성을 높일 수 있을 것
6. 문화의 국제 교류·협력을 증진할 것

-제9조^(문화 진흥을 위한 분야별 문화정책의 추진): 국가와 지방자치단체는 문화 진흥을 위하여 다음 각호의 사항에 관한 문화정책

을 수립하고 시행하기 위하여 노력하여야 한다.

1. 문화유산·전통문화의 보전과 활용
2. 국어의 발전과 보전
3. 문화예술의 진흥
4. 문화 산업의 진흥
5. 문화자원의 개발과 활용
6. <u>문화복지의 증진</u>
7. 여가문화의 활성화

-제12조의1^(문화행사): 국민의 문화 의식과 이해를 높이고 문화 활동에의 적극적인 참여를 유도하기 위하여 매년 10월을 문화의 달로 하고, 매년 10월 셋째 주 토요일을 문화의 날로 한다.

-제13조2^(문화 진흥 사업에 대한 재정 지원 등): 국가는 문화 진흥을 위한 민간의 재원 조성과 기부문화의 활성화를 위한 제도와 여건을 마련하기 위하여 노력하여야 한다.

④ **지역문화진흥법**
-제1조^(목적): 이 법은 지역문화진흥에 필요한 사항을 정하여 지역 간의 문화 격차를 해소하고 지역별로 특색 있는 고유

의 문화를 발전시킴으로써 지역주민의 삶의 질을 향상시키고 문화국가를 실현하는 것을 목적으로 한다.

—제9조2^(문화환경 취약 지역 우선 지원 등) 국가와 지방자치단체는 문화환경이 취약한 지역에 대하여 주민의 문화예술 향유 기회를 보장하기 위한 사업을 우선적으로 시행할 수 있다.

(2) 문화정책 실태

선진 각국에서도 정책의 우선 순위를 국민행복과 삶의 질에 두고 다양한 문화정책을 추진하였는데 영국에서는 문화 향유 체험 확대를 위한 'Achieving Great Art For Everyone^(2010~19)'을 발표하여 모두를 위한 위대한 예술을 성취하는데 목표를 둔 것은 눈여겨볼 정책이다.

문화정책을 펼 때는 소득수준과 문화 욕구의 상관관계를 잘 이해해야 한다. 〈그림9〉에서 보듯이 빈곤층이면서 문화 욕구가 낮을 때는 사회복지가 필요하지만, 문화 욕구가 높은 빈곤층은 문화 소외를 느끼므로 협의의 문화복지정책을 펴야 하고, 부유층이면서 문화 욕구가 높은 사람들은 문화 향유를 즐기며, 부유층이면서 문화 욕구가 낮은 사람은 문화 빈곤층으로 광의의 문화복지정책이 필요하다.

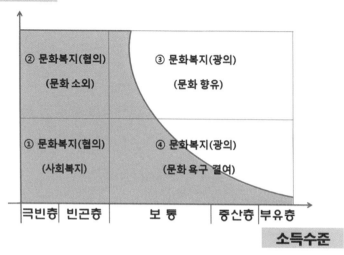

문화욕구

② 문화복지(협의)
(문화 소외)

③ 문화복지(광의)
(문화 향유)

① 문화복지(협의)
(사회복지)

④ 문화복지(광의)
(문화 욕구 결여)

극빈층 | 빈곤층 | 보 통 | 중산층 | 부유층

소득수준

〈그림9〉 문화 욕구와 소득수준의 관계(한국문화예술위원회, 2012)

김세훈(2015)이 정리한 문화정책을 소개하면 다음과 같다.

☞ 주민 생활권 기반 복합문화 활동 공간 조성
• 지역 유휴시설 및 노후 문화시설을 작은도서관, 공연장, 연습실 등을 갖춘 생활문화센터(복합문화커뮤니티센터)로 조성
• 작은 영화관 확대 및 음악창작소 구축·운영

☞ 생활 속 참여형·체감형 문화예술 프로그램 확대
• 문화가 있는 날(매월 마지막 주 수요일) 지정 운영

- 봄·가을 문화예술축제 정례화
- 문화예술 동호회 등 국민 참여형 활동 지원 강화

☞ 생애주기별 맞춤형 문화복지 확대
- 어린이집, 유치원, 초중고의 문화예술교육 사업 확대
-어린이집, 유치원에 예술강사, 이야기 할머니 등 파견
-전국 초·중·고등학교에 예술강사 파견
-초등학교 '방과 후 돌봄교실'의 동아리 활동 지원
- 대학생과 청년들의 문화 향유 활동 지원
-경제적 사정이 어려운 대학생과 청년들이 공연장, 박물관, 경기장 등의 관람료를 할인 또는 면제받을 수 있는 문화패스제 도입 추진
- 직장 내 동호회 지원 및 여가문화 활성화 유도
-중소기업 등 직장 동호회 문화예술활동을 지원
- 어르신의 문화예술교육·체험을 확대하는 골든에이지 활동 지원
-지방 문화원 등에 어르신 문화학교 프로그램을 개설하고 문화나눔봉사단, 사회적기업 등으로 단계적 성장을 유도

☞ 문화 취약계층 문화 향유 기회 확대
- 문화·여행·스포츠 이용권을 통합한 문화누리카드 발급

- 노인복지관, 장애인복지시설 예술강사 지원사업 확대
- 장애인도서관 및 독서 서비스 지원 확대
- 지역아동센터에서 방과 후 프로그램으로 문화예술교육 실시

☞ 지역 간 문화 격차 해소를 위한 지원 확대
- 지역 문화예술의 균형발전과 특성화를 위해 문예진흥기금의 지역협력형 사업 지원 규모 확대
- 문화 소외지역에 대한 공연·전시 등의 문화순회 사업 확대
- 문화예술교육 콘텐츠와 시설·장비를 갖춘 버스로 소외지역을 찾아가는 움직이는 예술정거장 운영

☞ 문화복지 지원을 위한 기반 구축
- 수요 조사, 프로그램 연결 및 이용 편의 등을 돕는 문화복지 전문 인력 양성·배치

정부에서 문화복지정책으로 실시하고 있는 주요 사업을 소개하면 다음과 같다.

① 통합문화 이용권사업

통합문화 이용권사업은 문화복지를 대표하는 사업으로 문화예술·여행·체육 분야 전용 선불카드인 문화누리카드는

6세 이상의 기초생활수급자와 차상위 계층에게 발급된다. 2020년도는 총 1,467억 원을 투입하여 지난해보다 개인당 1만 원 인상된 9만 원을 지원한다.

문화누리카드는 전국 25,000여 개의 가맹점에서 이용할 수 있으며, 국립현대미술관과 국립중앙박물관 무료입장 외에도 국립극장, 국립국악원, 국립아시아문화전당 50%, 놀이동산 50%, 영화 25% 할인 혜택을 제공한다. 문화예술단체가 기부한 입장권 나눔티켓도 1인당 4매까지(월 3회 한도) 사용할 수 있다.

② 신나는 예술 여행

한국문화예술위원회에서 실시하는 신나는 예술 여행은 성공한 문화복지 사업이다. 수요자 중심의 향유지원사업으로 수준 높은 문화예술 향유 기회를 국민의 일상 속에 다채롭게 제공하고 있다. 2019년 한해 368개의 예술단체가 8,348회의 프로그램을 통해 전국 각지에서 988,311명의 관객을 만났다. 신나는 예술 여행의 주요 프로그램은 다음과 같다.

• 순회처 매칭형 프로그램
 −생애주기별(아동기, 청소년기, 성인기, 노년기)
　특수계층(장애인, 새터민, 의료시설, 교정시설, 군부대)
 −순회시설 접수처와 예술단체의 상호 매칭을 통해 공연 프

로그램을 제공

• 순회처 발굴형 프로그램
−이웃사촌 순회: 찾아가는 서비스, 모셔오는 서비스
−도서지역 순회
−문화울타리 순회: 사회적기업, 사회적협동조합 등
−문학 순회

• 소규모 순회 프로그램
−지역을 기반으로 활동하는 소규모 단체, 예술인 지원
−해당지역 내 문화 향유 프로그램을 제공

③ 서울거리예술축제
서울문화재단에서 실시하는 서울거리예술축제는 다양한 방식으로 서울의 틈을 아름답게 채우는 시민축제이다. 여러 세대가 모이고 머무를 수 있는 광장형(서울광장, 청계광장), 무교로에서 서울의 낯선 이면을 드러내는 무교로 특화형, 새로운 공간을 발견하고 해석하는 특정 장소형 그리고 실연 가능한 거리예술 부문에서 참가작을 공모하여 서울시민에 의한 서울시민을 위한 축제로 만들고 있다.
모집 부문은 거리극, 무용, 음악극, 마임, 영상, 설치, 서커스,

전통연희, 인형극, 퍼포먼스, 복합장르이다.

④ 무지개다리사업

세종시문화재단에서 문화 다양성 확산을 위해 실시하고 있는 무지개다리사업은 지역 내 문화예술을 기반으로 다문화, 소수문화, 세대문화, 하위문화, 지역문화 등 다양한 문화 및 문화 주체들 간 교류의 기회를 제공하고, 지역 내 이주민 단체, 문화단체 등과 지역사회의 네트워크를 구축하여 문화 다양성을 확산하고자 하는 사업으로 다음과 같은 프로그램을 운영하고 있다.

- 문화 다양성 라운드테이블: 세종시 문화 다양성 매개기관 라운드테이블
- 문화 다양성 주간행사: '차이를 즐기자, 창의를 즐기자'
- 문화 다양성 북콘서트: '多화만사성' 북콘서트
- 충청권 문화 다양성 포럼: 충청권 문화재단 공동주관 포럼
- 문화 다양성 공공 예술프로젝트: '多화만사성 BUS'
- 문화 다양성 사진공모전: 사진으로 만나는 문화 다양성 도시, 세종

현대는 문화 다양성을 인류의 공동 유산으로 생각해야 한다. 그래서 2001년 유네스코에서 발표한 문화 다양성 선언문

에 이런 내용이 있다.

 –문화는 시공간에 여러 형태로 나타난다. 이 다양성은 인류를 구성하는 집단, 사회의 정체성, 독창성을 구현한다. 생태 다양성이 자연에 필요한 것처럼 교류, 혁신, 창조성의 근원으로써 문화 다양성은 인류에게 필요한 것이다. 이러한 의미에서 문화 다양성은 인류의 공동유산이며 현재와 미래 세대를 위한 혜택으로써 인식하고 확인해야 한다–

 국내에서도 2014년도에 제정된 「문화 다양성 보호와 증진에 관한 법률」 제2조(정의)에서 '문화 다양성이란 집단과 사회의 문화가 집단과 사회 간 그리고 집단과 사회 내에 전해지는 다양한 방식으로 표현되는 것을 말하며, 그 수단과 기법에 관계없이 인류의 문화유산이 표현, 진흥, 전달되는 데에 사용되는 방법의 다양성과 예술적 창작, 생산, 보급, 유통, 향유 방식 등에서의 다양성을 포함한다.'고 규정하였다.

 문화 다양성은 차이를 스스럼없이 받아들이고 이를 즐길 줄 아는 수용의 마음과 태도를 키우는 것으로 문화 다양성은 창의성의 근원이고 새로운 도약을 위한 출발점이다.

3) 문화복지정책

　문화복지정책을 독립적으로 관장하는 정부조직이 마련된 것은 1990년으로 노태우 대통령이 문화부를 신설하여 초대장관을 소설가 이어령으로 임명하였다. 문민정부^(김영삼, 1993~1998)인 1996년은 문화복지의 원년으로 문화 공간인 문화의집을 조성하였다.

　국민의정부^(김대중, 1998~2003)는 문화예술교육에 힘썼고, 참여정부^(노무현, 2003~2008)는 문화복지의 대상을 국민 전체에서 문화취약계층으로 좁혀 보편적이 아닌 선별적 문화복지정책을 폈으며, 시설 확대가 아닌 문화 바우처로 문화 서비스를 제공하였다.

　이명박정부^(2008~2013)는 문화복지정책의 규모를 확대시켜 나갔으며, 박근혜정부^(2013~2017)는 국정기조로 문화융성을 내세워 문화가 있는 삶을 위해 다양한 문화정책을 펴서 2013년에 「문화기본법」과 2014년 「지역문화진흥법」을 제정하였다.

　문화복지정책을 이해하기 위해 문화복지정책의 기본 틀을 구성하는 다양한 구분 방식이 있다. 정책 대상에 따른 생산자 지원방식과 수요자 지원방식이 있고, 정책 수단에 따른 보조금을 지급하는 방식, 세금감면을 해 주는 조세지출 방식, 쿠폰이나 카드 형태의 이용권 방식으로 나누어지며, 문화복지정책의 필요성에 따라 사회통합 저해 요인을 제거하기 위한 공공 부문으로써의 문화복지와 기본권으로써의 문화복지가 있다.

문화복지정책의 문제점은 사업 대상이 불명확하다는 것이다. 법제도에 의해 사업 대상이 정해져 있지 않기 때문이다. 기본계획이나 전략이 아직은 미흡하고, 유사한 성격의 사업이 많아서 차별성이 없으며, 지역별 수혜의 차이가 발생하여 불평등을 심화시키기도 한다. 그런데 무엇보다 큰 문제는 부처 간의 협력이 매우 부족하다는 것이다.

이런 문제를 해결하기 위한 문화복지 사업 개선 방안은 문화 수요 계층을 파악하고, 유사·중복 사업을 정비하며, 사업 지원체계를 강화시키고, 사업 예산의 안정성을 확보해 주어야 한다. 사업 예산이 공모 형식으로 지원되기 때문에 사업에 대한 중장기 계획을 세우기 어렵고 공모사업에 선정이 되지 못하면 사업이 중단되기도 한다.

문화복지정책의 목적은 문화 향유에 있는데, UNESCO(2006)에서 문화 향유(cultural participation) 유형을 참석(attending), 생산(performance), 상호작용(interaction)으로 나누었으며, 문화 향유 영역은 크게 독서와 관람으로 나누는데 관람에는 공연예술(음악, 연극, 무용), 시각예술(미술), 영화 등이 있다.

문화 소외계층의 문화 향유 기회를 확대하기 위한 통합문화 이용권 사업이 실시되고 있는데 이 사업은 문화 바우처 제도로 참여정부(노무현대통령)에 도입하여 이명박정부에 문화복지 대상이 법제화되면서 확대되었다. 문화 바우처 제도는 2004년에 복권기금을 활용하여 작게 시작을 하였고, 2005년에는 예산 4억 원으로 문화 바우처 시범사업이 실시되었으며, 2006년 문화 바우처사업이 전국으로 확대되어 운영되어 오다가 2014년 문화예술을 관람할 수 있는 문화 바우처에 여행 바우처와 스포츠관람 바우처가 통합된 통합문화 이용권으로 오늘에 이르고 있다.

　신나리(2019)는 신체적 소외계층의 문화 향유가 가장 낮았고 문화 소외가 중복될수록 문화 향유 기회가 적은 것으로 나타났다면서 문화복지 사각지대가 생기지 않도록 좀 더 세밀한 관심이 요구된다고 하였다.

4) 문화복지교육

　Ivan Illich(1926~2002)는 현대산업사회가 지닌 비인간화, 물량주의, 소외문제, 빈부격차 문제 등이 원천적으로 학교 제도에 있다고 보아서 인간사회가 인간친화주의로 진보하기 위해 탈

학교를 주장하였다.

탈학교 사회 형성을 위해 학습망(learning web)을 제안하였는데 전 세계가 코로나19라는 초유의 재난을 겪으면서 온라인을 통한 실시간 교육을 경험한 우리들로서는 이반 일리치의 주장이 허무맹랑한 궤변은 아니었다는 생각이 든다.

20세기 학교교육에 안주하지 않고 21세기 정보화와 세계화에 맞춰 21세기형 지식 기반으로 교육제도를 개혁하여 평생 학습으로 평생 직업을 갖도록 하는 것이 문화복지교육이다.

문화와 교육의 관계에 대해 Kottak(1994)은 문화는 사회구성원에 의해 학습되고, 공유되고, 양식화되면서 다음 세대로 이어진다고 하였다. 문화는 교육을 통해 학습되고 공유되며, 문화는 공유하는 사람들끼리 의미를 나누는 배타적인 형식이고, 교육은 어떤 것의 범위나 경계를 초월하거나 아우르는 메타적 삶의 방식인 것이다.

문화는 우열이 없고 교육에는 우열이 있으며, 문화는 사람을 길들여 만들고 교육은 사람을 깨달아 깨우치게 하고, 문화는 경계(지역, 종교 등)가 있지만 교육은 초월성(보편성)을 가진다.

문화복지에서의 교육은 문화복지 자체가 교육이어서 문화복지를 통해 배움과 성장이라는 교육적 기능이 실현된다. 그런데 문화복지는 사회복지와 달리 취향의 형성이 전제되기에 문화복지 확대를 위해서는 교육이 필요하다.

　문화복지를 실현하기 위해서는 전문 인력이 필요하다는 것은 다 알고 있다. 문화복지가 행정용어로 등장하여 문화 바우처사업이 확대되면서 문화복지 전문 인력으로 문화복지사 제도를 마련하려는 움직임이 있었다. 그런데 문화복지사라는 명칭이 복지의 시혜적 성격이 강하다고 하여 2012년 문화여가사로 바꾸는 작업을 하였다. 그래서 문화여가사의 정의를 여가 생활 대중화 시대에 국민들의 문화 여가 활동을 통한 행복추구권을 보장하는 전문 인력으로 정하고, 그 역할을 경제적 소외계층을 넘어, 보편적 복지 차원에서 통합적인 시각으로 문화적 소외계층 전반을 대상으로 하는 여가 프로그램 기획·실행·전달을 수행하는 것으로 개념정리를 하였다.

　2012년 이전에 민간 자격증으로 발급되던 문화복지 전문 인력은 문화복지사 또는 문화복지상담사였다. 문화복지가 본격적으로 활성화되기 위해서는 문화복지 전문 인력에 대한 성격이 규정되고, 양성과정이 마련되어 교육이 이루어져야 하며, 국가고시를 통해 자격증을 취득하는 국가공인 자격증 제도로 확립되어야 한다.

<표7> 민간 문화복지사 자격증 발급처 현황

등록번호	구분	자격명	자격관리기관
2012-0497	비공인	사회복지사	한국문화창조연구원
2011-0755	비공인	문화복지상담사	(사)한국심리상담협회
2011-0597	비공인	문화복지사	한국문화예술협회
2011-0307	비공인	문화복지사	한국문화복지교육협회
2011-0031	비공인	문화복지사자격증	(사)한국문화교육협회

　문화복지 전문 인력으로 액터 닥터(acter doctor)의 역할도 중요하다. 액터 닥터는 환우 및 환우 가족의 스트레스와 우울감을 줄이고, 의료진과의 신뢰를 강화하는 프로그램을 운영하는 전문가인데 이미 미국, 독일, 오스트리아 등에서는 병원광대(hospital clown)로 활동하며 많은 역할을 하고 있다.

3부 장애인 문화복지

1. 정부

장애인의 문화예술활동 참여는 장애인의 삶의 질 향상, 문화예술 창작 활동을 통한 자립생활 및 장애인의 역량 강화를 가능하게 하여 사회통합에 긍정적인 기능을 한다(정병은, 2016)고 하였듯이 장애인문화예술은 장애인계의 새로운 사업 콘텐츠가 되고 있다.

장애인의 문화예술활동은 문화권과 예술권으로 나눠지는데 문재인 대통령후보의 대선 공약에 있는 문화권 의제는 관광복지 실현뿐이다. 그 내용은 무장애(장벽 없는) 관광 환경을 조성하는 것으로 관광지의 편의시설 설치에 머물고 있다. 지체, 시각, 청각, 발달장애 등 각 장애 유형에 따른 관광상품 개발을 염두에 두지 않아서 장애인관광의 질을 높이는 데는 한계가 있다.

다만 제5차 장애인정책종합계획(2018. 3. 5)에는 장애인의 문화시설 이용 등을 위한 유니버설 디자인 매뉴얼 개발·보급이 있는데, 이 또한 박물관·체육관 등 장애인의 관람 동선을 중심으로 시설 내에서 접근성을 개선하는 이동 동선 및 안내 체계를 개발한다는 것이어서 역시 문화시설 접근성 차원에 그치고 있다.

1) 관광복지 실현

2014년 관광진흥법 개정으로 장애인 등 관광 취약계층에 대한 국가 및 지방정부의 책임을 규정하고 있어서 문화체육관광부는 장애인관광 향유권 보장을 위하여 다음과 같은 정책을 수립하였다(문화체육관광부 관광정책과, 2018).

☞ 장애인 대상 관광 유니버설 디자인 도입 확대
−장애물 없는 열린관광지 조성 확대(2022년까지 100개소)
   * 수적으로는 증가하고 있지만 그 내용이 화장실 보수와 웹페이지 보완 등이다.
−장애인·임산부·고령층 무장애 여행 추천 코스 확대(2022년까지 200개)
−특수학교 장애청소년 체험 여행 지원
−숙박, 쇼핑업종 한국관광 품질인증에 장애인 편의시설 가점 부여

☞ 장애인 관광객 실태조사를 실시하고, 편리하게 관광정보를 얻을 수 있도록 온/오프라인 안내체계 정비

☞ 취약계층 대상 무장애 웹사이트 및 모바일 고도화
－무장애 여행 정보 조사 및 DB 구축^{(숙박, 음식점 등 연간 1,000여 개}
업그레이드)

☞ 장애물 없는 관광 환경 조성 및 장애인 관광 활성화를 위한 무장애 관광 환경 조성계획 수립

☞ 관광 분야 통합인증 브랜드인 관광품질인증제를 도입하여 지역의 숙박, 쇼핑 등 관광 서비스 품질 체계화
 * 법적 근거는 2017년 하반기에 마련되었고, 인증 대상을 숙박, 쇼핑 시설에서 야영장으로 확대

 장애인관광 업무를 담당하고 있는 문화체육관광부 관광정책과 자료^(관광복지－장애인관광 향유권 보장, 2018)에 의하면 장애인관광예산은 34억 원인데 특수학교 청소년 체험 여행이 포함된 청소년관광 활성화 사업 3억 원과 내·외국인, 장애인, 노약자 등을 위한 읽기 쉬운 관광 안내구축 사업비 4억 5천만 원을 제외하고 장애인관광 정책을 마련하기 위한 연구 용역 예산 3억 원을 뺀

열린관광지 조성사업(24억 원) 예산이 순수 장애인관광 예산이라고 할 수 있다.

2) 새예술정책의 장애인예술

문화체육관광부는 '문화비전2030 사람이 있는 문화'(2018)에서 문화정책 9대 의제를 발표하였는데 1대 의제 '개인의 문화 권리 확대'에서 하위 의제인 '모두를 위한 관광시설 및 프로그램 개선'에 장애인이 포함되어 있고 '계층별 문화 여가 활동 지원'에서 장애인을 위해 무장애 환경 조성 및 장애인을 위한 프로그램 확대가 명시되어 있다.

무장애 환경 조성으로 장애인예술 전용극장 설립, 일반 영화관 내 장애인·비장애인 영화 동시 관람 시스템 구축, 장애물 없는 열린 관광지 확대가 있고, 장애인을 위한 프로그램에는 장애인문화예술학교 확대(2030년까지 50개소)가 포함되어 있다.

제4대 의제 '문화 다양성의 보호와 확산'에서 장애, 젠더, 지역, 인종, 종교 등 문화 정체성에 따른 문화예술 지원의 확대를 제시하였다. 그리고 특수언어 위상 강화로 농인과 시각장애인을 위한 점자, 수어 진흥이 있는데 수어는 국어와 동등한 자격을 가진 농인의 언어로서 한국수어 위상을 강화하기 위하여 한국수어교원 양성 및 자격제도 운영, 한국수어교육원 지정, 한국수어 말뭉치 구축, 한국수어사전 편찬, 한국수어문화정보 구축 등을 계획하였고, 점자는 한글과 같은 효력을 가진 시각장애인의 문자로서 점자 위상 강화를 위하여 점자규범 정비, 점자전문가 양성, 점자출판시설 지원, 점자교재 개발 등이 있다.

같은 날 발표된 '새예술정책(2018~2022) 예술이 있는 삶'의 8대 책임 과제 중의 하나인 '소수자가 예술로 어울려 사는 사회' 섹션에 장애인문화예술 지원 확대 내용이 있다.

새예술정책을 마련하기 위하여 새예술정책 수립 특별 전담팀이 10개 분과로 운영이 되었는데 그 가운데 장애인예술 분과가 있어서 이루어 낸 결과인데 그 주요 내용을 정리하면 다음과 같다.

☞ 장애인예술 분야 연구 및 정책 지원

–실태조사(장애인예술활동 조사, 문화시설 장애인편의시설 조사)

–장애인예술총서 발간(장애인예술 관련 기초 자료)

–정책개발(포용적 예술을 위한 장애인문화예술 정책)

–문화부 내 장애인예술 전담 부서 설치(효과적인 업무 추진을 위해)

☞ 장애인문화예술 접근성 강화

–통합정보지원 시스템/공유 플랫폼 구축(장애인이 이용 가능한 사이트 구축)

-창작권·향유권 확대를 위한 장애인예술 전용공연장 조성

-지원사업 확대(문화예술 접근성 보장을 위해)

☞ 장애예술 특성화 지원 및 인력 육성

-지역 격차 해소를 위한 권역별 특성화 창작거점 구축(거점 마련, 특성화)

-청년 장애예술인 양성사업 추진(일자리 창출)

-장애인예술교육 교재 개발 및 전문가 육성

-장애·비장애 예술인 교류 및 협업 확대 지원

-유망 장애예술인 및 신진 장애인예술단체 지원 및 육성

-찾아가는 장애인문화예술학교 운영

☞ 장애예술 남북 교류 및 국제적 관계망 확대(남북 교류, 국제 협력)

문화체육관광부는 장애인예술 전용극장 설립이 보건복지부 주관 42번 국정과제(국민의 기본 생활을 보장하는 맞춤형 사회보장)의 협업 과제로 42-6번 국정과제(장애인 문화 여가 접근성 강화)의 실천 과제에 포함되어 대학로 이음센터에 이어 장애인 전용극장이 마련될 것으로 보이지만 아직 예산을 확보하지 못하였다.

2. 기업

1) 사회적 책임

  기업의 사회적 책임(CSR: Corporate Social Responsibility)이란 경영 프랙티스(practice)와 내부 자원의 기부 활동을 통해 지역사회의 복지를 향상시키는 의무를 말한다(필립 코틀러, 2006). 「사회적 책임을 위한 기업들」에서 사회가 비즈니스를 소유하고 있다는 윤리적, 법적, 상업적, 공적인 기대 수준을 충족시키는 수준 또는 초과하는 수준으로 비즈니스를 행하는 것을 기업의 사회적 책임이라고 규정하였듯이 기업은 사회적 책임을 통하여 비즈니스를 하는 것이다.

  기업의 사회참여 사업은 현금 기부, 권리 양도, 공익광고, 홍보 인쇄물, 행사 후원, 기술지원, 현물 기증 등이 있는데 기업은 현금 기부를 하는 방식으로 사회참여를 하고 있다. 기부가 의무가 아닌 전략으로써 이루어지고 있는 것이다.

포드자동차 이사장인 William Clay Ford, Jr는 '위대한 기업은 훌륭한 상품과 서비스를 제공할 뿐만 아니라 세상을 더 나은 곳으로 만들기 위해 노력한다.'고 말하였듯이 기업은 세상을 보다 살기 좋은 곳으로 만들면서 발전하는 것이다.

그래서 기업의 사회적 책임(CSR)은 기업도 사회도 함께 윈윈하게 만든다.

기업의 사회적 책임을 다 하여 성공한 사례는 아메리칸 익스프레스의 자유의 여신상 복원 프로그램이다. 2001년 발생한 9.11사태 이후 맨해튼 남부는 폐허가 되었다. 아메리칸 익스프레스 본사는 강제 퇴거를 당했다. 아메리칸 익스프레스는 맨해튼 남부 지대의 복구와 재건을 위해 적극적인 역할을 감당해야 한다는 책임감을 느꼈다.

세계무역센터 재난구조기금을 설립하여 피해지역 주민을 지원하였다. 그리고 고객과 관광객들에게 관광을 재개해 달라는 광고 캠페인을 펼쳤고, 2002년 봄 트리베카 영화제*의 스폰서로 나섰다. 첫해는 15만 명, 그다음 해에는 30만 명으로 두 배가 늘었다. 맨해튼에서 500건 이상의 문화 행사를 펼쳐 맨해튼 남부에 100만 명의 관광객을 유치하는데 성공하였다.

아메리칸 익스프레스는 전 세계 자유의 상징으로써 맨해튼

---

* 트라이베카 영화제(Tribeca Film Festival)는 매년 봄 뉴욕에서 열리는 영화제이다. 2001년 9월 11일 발생한 9·11 테러 사건 이후 뉴욕의 부흥을 기원하여 2002년 제인 로즌솔, 로버트 드 니로, 크레이그 햇코프에 의해 시작되었다.

남부에 관광객을 유치하는 최고의 명소인 자유의 여신상 재건을 위한 기부를 약속하였다. 아메리칸 익스프레스 카드를 사용하여 구매가 이루어질 때마다 1%씩 기부금을 적립하는 방식으로 시민들의 동참을 이끌어 내었다.

자유의 여신상 복원 캠페인 "you wouldn't know it to look at her, but the statue of liberty is closed"(당신은 자유의 여신상을 봐야 그 실체를 알 수 있지만 자유의 여신상은 닫혀 있습니다.)이다. 이 문장이 전 미국인의 마음을 흔들어 놓았다.

아메리칸 익스프레스는 성공적으로 기업의 사회적 책임을 실천했고 문화와 예술 그리고 고객들을 사랑하는 착하고 아름다운 기업으로 사랑받고 있다.

아메리칸 익스프레스의 사례를 Philip Kotler(2006)가 제시한 기업의 사회참여 사업의 6가지 유형에 대비시켜 설명하면서 장애인예술에 대한 기업의 사회참여 방향을 제시하면 다음과 같다.

① 공익 캠페인(Cause Promotions)

사회참여를 통해 비용 감소가 가능한 분야는 광고인데 기업의 사회참여 프로그램이 다른 판촉 수단들보다 금전적 측면에서 훨씬 효과적인 판촉 수단이 된다.

그래서 아메리칸 익스프레스는 자유의 여신상 복원 캠페인으로 자금을 모으고 자유의 여신상 복원을 성공리에 마칠 수 있었다.

이렇듯 장애인예술의 가치와 역할을 인식시킬 수 있는 공익 캠페인 "장애인예술로 아름다워지는 대한민국"을 선점하는 기업이 한국장애인예술의 선지자가 될 것이다.

② 공익연계 마케팅(Cause-Related Marketing)

아메리칸 익스프레스 카드를 사용하여 구매가 이루어질 때마다 1%씩 기부금을 적립하는 방식으로 시민들의 동참을 이끌어 내었듯이 장애인예술도 기업이 판매 이익의 0.1%를 장애인예술 기금으로 기부하는 방식을 사용하면 부담 없이 기금을 조성할 수 있다.

기업의 장애인예술에 대한 다양한 지원 활동을 통해서 장애인예술도 힘을 얻고 기업 또한 수익과 이미지 제고의 효과를 누릴 수 있어서 모두가 승리하는 아름다운 연대를 구성할 수 있다.

③ 사회 마케팅(Corporate Social Marketings)

아메리칸 익스프레스는 맨해튼 남부 지대의 복구와 재건을 위해 적극적인 역할을 감당해야 한다는 책임감을 느꼈기 때문에 관광객 유치를 위해 다양한 문화 행사에 후원을 했던 것이다.

사회 마케팅은 행동 변화에 초점을 두는 것으로 장애인예술 new deal 프로젝트로 장애인예술장터를 열어 주는 등의 구체적이고 적극적인 사업을 주도해 갈 수 있다.

④ 사회공헌 활동(Corporate Philanthropy)

사회공헌 활동은 지금도 우리 기업에서 실시하고 있지만 장애인예술을 위한 문화공헌 활동의 필요성을 인식하고 장애인예술 프로그램을 개발하여 실시하는 것이 사회공헌 활동에 포함되어야 한다. 가장 쉽게 할 수 있는 것이 회사 기념일이나 행사에 장애예술인 작품이나 디자인으로 기념품을 만들어 의미 있는 선물을 하는 것이다.

⑤ 지역사회 자원봉사(Community Volunteering)

요즘은 사회적 일자리 마련으로 각종 휴먼 서비스 제도가 많아서 자원봉사 기회가 줄어들었다. 장애인예술의 자원봉사는 장애인예술 공연이나 전시회장을 찾아가서 관객으로서의 역할을 하는 것이 아주 의미 있는 자원봉사활동이 된다. 더 나아가 적극적으로 장애인과 함께 예술활동에 참여하면서 문화예술에 대한 아이디어를 제공하고 공유할 수 있다. 또한 문화예

술 분야에서 재능을 기부하는 자원봉사로 장애인예술에 공헌
하는 것도 필요하다.

⑥ 사회책임경영 프랙티스(Socially Responsible Business Practices)

기업 경영에 장애인예술을 사회적 책임으로 선포하는 것이
다. 우리 기업은 장애인예술 발전을 위해 장애인예술을 지원하
고 사회공헌 활동으로 장애인예술 프로그램을 실시하며 홍보
와 마케팅에 장애인예술을 적극 활용한다는 방침을 세우는 것
이다.

이런 경영 방침을 통해 기업이 한시적이고 제한적인 기부 활
동에서 벗어나 장애인예술에 공헌하며 기업 사회공헌의 미개
척 분야인 장애인예술을 활성화시키는 것이다. 기업의 사회적
책임(CSR; Corporate Social Responsibility)의 하위 개념으로 진화된 개념
인 기업의 창조나눔 가치(CSV; Creative Share Value)를 실현하기 위
한 구체적인 노력으로 기업 소속 장애인예술팀을 운영하여 고
용 창출을 한다면 기업은 장애인을 고용하지 않았다는 비난에
서 벗어날 수 있고, 장애예술인들은 고용 상태에서 예술활동
을 안정적으로 할 수 있다.

2) 문화공헌사업

  대기업에서는 기업조직에 사회공헌팀이 운영되고 있을 정도로 사회공헌 활동을 주요 사업으로 판단하고 있다. 중소기업 사랑나눔재단에서 실시한 2018중소기업사회공헌현황조사에 따르면 중소기업의 61.7%가 사회공헌 활동을 하고 있는 것으로 나타나 많은 기업들이 사회공헌 활동을 하고 있다는 것을 알 수 있다.

  최근 들어 사회공헌 사업 가운데 문화복지 사업이 점점 늘어나고 있는 추세이다. 문화복지 사업으로 장애인예술단을 지원하는 기업들도 있지만 공모사업을 통해 down-up형식의 개방형으로 문화복지 사업을 실시하여 공익성과 접근성을 높이고 있는 장애인예술 관련 문화공헌 사업을 소개하면 다음과 같다.

① GKL사회공헌재단 2020사회적 가치실현 공모

  GKL사회공헌재단에서 관광산업 진흥을 위한 사업을 지원해오다가 2020년부터 '사회적 약자 문화예술인 활동지원을 통한 문화예술 지원사업'을 포함시켰다. 장애인예술로 선정된 사업 가운데 스토리두잉(story-doing) 공연 〈E美지 쇼〉가 있다. 『E美지』라는 장애인예술 전문 잡지 속 이야기(스토리텔링)들이 종이

책 밖으로 나와서 관객과 만난다는 의미의 스토리두잉(story-doing) 공연이다.

공연은 빛의 쇼(문학, 미술)와 소리의 쇼(음악, 대중예술)로 구성되어 있고 공연장도 내부와 외부에서 이루어지는 작은 축제로 장애예술인 20명이 참여하여 장애예술인들에게 발표의 장을 마련해 준다는데 의미가 있다.

이 사업은 『E美지』를 발행하고 있는 (사)한국장애예술인협회에서 응모하여 선정된 것으로 선정 결과는 비공개여서 어떤 사업이 실시되는지는 몰라도 사회적 약자 문화예술인 활동지원이라는 점에서 장애예술인, 다문화, 새터민 등이 포함되어 있을 것으로 예상된다.

② 포스코1%나눔재단 사업 아이디어공모전

포스코1%나눔재단에서 2020년 처음으로 외부 개방형 협업을 통한 다양한 사업의 추가 발굴을 위하여 포스코1%나눔재단 사업 아이디어공모전을 실시하였는데 271건의 아이디어가 접수되어 11건이 선정되었다. 11건 가운데 문화사업이 2건이다. 최우수상은 (사)한국장애예술인협회의 장애예술인 대중화 프로젝트 '나는 예술인이다'이고, 장려상은 개인이 응모한 시각장애인을 위한 관광지·공공시설물 PosART 점자안내판 설치 사업이다.

PosART$^{(Pos\ Advanced\ Resolution\ Technology)}$는 포스코 강판에 잉크젯 기술을 접목한 고해상도 잉크젯 프린트 강판을 뜻한다. 최우수상으로 선정된 나는 예술인이다의 출품명은 '視: 善'으로 장애예술인 10명의 삶과 예술세계를 1회 5분 이내의 영상으로 제작하여 유튜브 등 모든 홍보 매체 플랫폼에 소개하는 웹다큐이다. 매스미디어 진입이 어려운 현실을 뛰어넘어 해외에 소개할 수 있는 좋은 문화복지 사업이다.

③ 스타필드와 함께하는 美캠페인: 장애인예술로 아름다워지는 대한민국

스타필드에서 (사)한국장애예술인협회에 의뢰하여 장애인예술 대중화를 위한 스타필드와 함께하는 美캠페인 '장애인예술로 아름다워지는 대한민국'을 2019년 12월 3일부터 12월 말까지 실시하였다. 전국에 있는 5개 스타필드 매장의 대형 스크린과 스탠딩 스크린 200여 개를 통해 美캠페인 동영상이 3분 단위로 하루 평균 7만 고객들에게 노출되어 큰 호응을 얻었다. 동영상은 석창우 화백을 모델로 박환, 최지현, 한부열 작가가 소개되는 50초 분량의 장애인미술 홍보물이다.

美캠페인 기간 동안 스타필드 하남에서는 박환, 최지현, 한부열 전시회가 10일 동안 열려서 고객들의 눈길을 끌었다.

④ JW중외제약의 JW아트어워즈

JW그룹의 공익재단 중외학술복지재단에서 2015년에 JW아트어워즈를 제정하여 현재까지 실시하고 있다. 장애예술인들의 재능을 발굴하여 작가로서 성장할 수 있는 발판을 마련하고자 매년 미술 공모전을 개최하여 우수작들을 시상하고 있다. 열정과 재능이 있는 수상자에게는 좀 더 나은 여건에서 작품 활동을 할 수 있도록 후원하며 작품 전시회를 열어 주고 있다.

3) 창조나눔가치 확산 방안

"기업의 사회적 책임(CSR)이 기업의 창조나눔가치(CSV)를 확산시킨다."

이 명제를 장애인예술에서 실천하기 위한 기본 콘셉트를 정하는 것이 중요한데 다음 6가지로 정리할 수 있다.

concept 1 한국 기업도 사회적 책임에 앞장선다.

한국기업은 정경유착으로 올바르지 못한 방법으로 돈만 벌었다는 인식이 팽배해 있다. 장애인예술을 위한 메세나* 활동 통해 우리 사회에서 가장 약자인 장애예술인을 위하여 사회

---

* 메세나(Mecenat)란 기업들이 문화예술에 적극 지원함으로써 사회 공헌과 국가 경쟁력에 이바지하는 활동을 총칭한다.

공헌 활동을 함으로써 사회적 책임을 실천하고 있다는 인식의 전환이 될 것이다.

concept 2 한국의 노블레스 오블리주는 장애인예술 후원에서 돋보인다.

한국 사회는 노블레스 오블리주가 정착되지 않았다. 필요에 따라 이벤트처럼 노블레스 오블리주를 실시하고 있어서 그 진정성이 의심받고 있다. 아직까지 후원 미개척 분야인 장애인예술에 후원함으로써 한국의 지도층이 노블레스 오블리주를 아름답게 실천할 수 있다.

concept 3 장애인예술은 힐링 효과가 있다.

장애인예술은 예술이 주는 감동과 장애인의 삶이 주는 감동이 보태져 두 배의 감동을 주기 때문에 관객들에게 힐링 효과를 준다.

concept 4 장애인예술로 국제적인 위상을 높인다.

한국은 한류로 세계적인 스타 군단을 만들었지만 그것이 국가의 위상을 선진국으로 높이지는 못한다. 성공한 장애인, 그 가운데 장애예술인을 포지셔닝하면 선진국 마케팅으로 활용할 수 있다.

concept 5 장애인에 대한 사회적 비용이 감소된다.

2012장애문화예술인실태조사(문화체육관광부)에 의하면 장애예술인의 82.18%가 발표의 기회를 갖지 못하고 있고, 2007장애문화예술인실태조사(한국장애인개발원)에서 장애예술인의 96.5%가 예술활동에 대한 수입이 없다고 응답하였듯이 장애예술인은 자립도가 낮기 때문에 장애인복지로 지출되는 사회적 비용이 많은데 장애인예술이 발전하면 장애예술인에게 소요되는 사회적 비용을 줄일 수 있다.

concept 6 기업의 성장 동력인 사원의 사기를 높인다.

사회참여 사업을 실천하는 기업의 직원들은 그렇지 않은 기업의 직원들보다 '우리 회사가 자랑스럽다.'고 응답하는 비율이 38%나 많았다(필립 코틀러, 2001)는 것에서 잘 나타난다.

기업의 사원이 자기가 속해 있는 기업에 존경심을 갖게 된다면 강한 애사심으로 기업이 강력한 성장 동력을 얻게 된다.

기업 사회공헌에 문화공헌 개념이 포함되어야 한다. 사회공헌정보센터 자료에 의하면 2015년 현재 장애인 관련 사회공헌 사업을 실시하고 있는 기업은 73개사인데 이 가운데 문화예술 사업을 실시하는 기업은 22개사이고 그 가운데 장애인예술을 위한 사업은 13개사에 불과하다.

장애인예술 사회공헌 사업은 수적으로도 열세이지만 프로그램도 장애인음악회 지원에 그치는 등 내용이 빈약하다. 매력적인 장애인예술 프로그램을 개발해서 공격적으로 베팅을 하는 전략이 필요하다.

장애인예술 프로그램으로 개발할 수 있는 사례를 몇 가지 소개하고자 하는데 사례에 나오는 A^+는 A가 2개라는 뜻으로 앞의 A는 able, access, ace, 뒤의 A는 Art로 장애인예술을 의미한다.

ex1. 자동차 산업

−A^+로 숭고미를 입힌 자동차가 당신에게 달려갑니다.

철학자 칸트는 숭고미는 내면적인 미(美)로 간접적으로 일어나는 감정이고 한정되지 않은 이성의 표현으로 유희가 아닌 엄숙함이라고 하였듯이 인간이 가질 수 있는 최고의 아름다움인 숭고미를 장애인예술 지원사업을 통해 연출한다.

−사랑의 속도를 지켜 주세요.

자동차가 개인의 발전을 위해서 쉼 없이 달리지만 그 속도가 사람에 대한 사랑과 장애인예술에 대한 이해를 담고 있다는 것을 알린다.

ex2. 의류 산업

－A$^+$가 당신에게 영혼의 옷을 입힙니다.

옷은 사람의 체온을 유지해 주어 생명을 지켜 주며 수치심을 가려 주는 역할을 하지만 현대인은 옷을 멋을 내는 목적으로 입는다. 옷이 허영과 허세의 아이콘이 되었는데 옷의 원래 목적을 살리는 영혼의 옷을 입는 것이 의류의 새로운 트렌드가 되어야 한다.

－착한 옷이 예쁘다.

예쁜 옷은 브랜드가 결정하는 것이 아니라 옷을 입으며 좋은 일을 할 수 있는 착한 옷을 입어야 아름답다. 그래서 장애인예술로 디자인하거나 장애인예술을 후원하는 옷이 예쁜 옷이라는 인식이 필요하다.

ex3. 카드회사

－착한 소비로 아름다워지는 대한민국

특정 카드 상품을 개발하여 사용금액의 일정 비율을 A$^+$ 기금으로 마련하는 방법이나 point를 기부하는 형식이다. 기업의 장애인 문화공헌의 의의를 실현, 부각할 수 있는 실제적인 노력이며 이를 통해 기업이미지를 제고하여 소비자의 선택과 지지를 이끌어 낼 수 있다.

-나는 감동을 먹는다!

좀 더 적극적으로 계절별 또는 특정일에 출시되는 새로운 메뉴에 적용할 수 있다.

메뉴판에 스페셜 메뉴를 넣어서 이 메뉴를 주문하면 그 음식 가격의 일정 비율이 A⁺로 기부된다는 것을 명기한다. 이는 음식점의 문화공헌을 홍보하고 고객 스스로 장애인예술 기부 행위의 만족감을 충족시킬 수 있다.

-노블레스 팁

"우리 호텔은 no tip이지만 당신의 고품격 노블레스 팁은 받습니다."

대형 호텔 레스토랑에서 진행할 수 있는 프로그램이다.

최고급 레스토랑에서 최고의 서비스를 받으며 만족스러운 식사를 할 수 있다.

ex5. 보험회사

-행운 보험, 드셨나요?

보험상품 개발로 고객에게 미래 건강과 자산 보장의 안정감과 더불어 보험 계약체결에서부터 미래까지 A⁺ 운동에 참여한다는 문화적 자긍심을 보장받을 수 있도록 한다. 생명보험은 건강축하금, 교육보험은 진학, 합격 등 다양한 축하금의 일정 비율을 A^+에 기부하는 것을 통해서 숫자가 보장하는 미래의 안정감에 더해진 자존감과 자부심까지를 보장할 수 있다.

ex6. 은행

−선행도 저금하세요.

적금, 일반 통장의 이자금에서 일정 비율을 A^+ 운동에 기부하는 형식이다.

적금상품의 경우 고객에게 만기 시 이자를 지불하는 것과는 다른 자부심과 보람을 함께 선물할 수 있다. 또한 매달 적금 납입 시 가졌던 소망의 기억에 대한 충분한 보상이 될 수 있다.

−잠자는 돈은 A^+로 투자하세요.

휴면 계좌의 저금액을 장애인예술기금으로 활용하는 방식인데 그것이 지원이 아닌 투자임을 강조한다.

ex7. 화장품 산업

−난 우아미도 화장한다: 당신이 진짜 아름다운 이유

여성뿐만이 아니라 남성도 화장을 하는 이유는 상대방에게 좋은 인상을 주기 위해서이다. 누구나 남들과 다른 아름다움을 발산하고 싶어하는데 그것이 바로 우아함이다. 그 우아함은 장애인예술에 대한 관심과 사랑으로 화장할 수 있음을 알린다.

ex8. 통신회사

−우리는 착한 소통하자.

통신은 빨라야 한다. 통신은 넓어야 한다는 생각을 버려라.

통신의 목적은 소통이다. 그것도 무지 착한 소통으로 좋은 인간관계를 만들어야 행복해질 수 있다는 점을 부각시킨다.

착한 소통을 하면 아름다운 기부가 형성된다는 것으로 A$^+$ 운동을 확산시킨다.

ex9. 건설회사

−우리는 예술을 짓는다.

장애인예술에 건설회사다운 통큰 기부를 실천한다.

−가장 살기 좋은 집은 UD(유니버셜 디자인)입니다.

새로운 건설 트렌드로 노인, 어린이, 장애인이 불편 없이 함께 살아갈 수 있는 유니버셜 다자인을 대중화시킨다.

ex10. 사행 산업

−즐기면서 하는 착한 기부

경마와 카지노 수익의 일정비율을 A⁺ 기금으로 기부하여 사
행산업이 갖는 부정적인 이미지에서 벗어난다. 감정적 보상과
가치 실현과는 또 다르게 장애인예술을 통해서 충족되는 예술
감성의 자극과 기쁨을 얻을 수 있음을 강조한다.

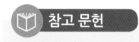

참고 문헌

김상욱(2013), 「문화콘텐츠산업정책과 창조산업」, 크린비디자인.

김세훈(2015), '문화복지의 증진', 문화체육관광부 TF 문화가치확산분과.

김언지 외(2015), "한국장애인메세나운동 모형 개발 연구", (사)한국장애예술인협회.

김태성(2007), 「사회복지정책입문」, 청목출판사.

김휘정(2013), '문화복지정책의 동향과 문화복지사업의 발전 방향', 「예술경영연구」 26호.

김희진&안태기(2010), 「문화예술축제론 사례와 분석」, 한울.

남상문(2011), 「문화예술정책과 복지」, 선인.

박관후(2016), 「문화복지」, 백산출판사.

박광무(2011), 「한국문화정책론」, 김영사.

신나리(2019), "문화복지 정책대상 범위에 대한 탐색적 연구─문화 향유를 중심으로",

　　　　중앙대학교 대학원(행정학과 정책학 전공) 석사학위 논문.

신정아(2019), 「뉴미디어와 스토리두잉」, 칠월의 숲.

양혜원(2013), "문화복지정책의 사회 · 경제적 가치추정과 정책 방향", 한국문화관광연구원.

오혜경 외(2012), 「사회복지실천의 이해」, 학지사.

용호성(2012), 「예술경영」, 김영사.

이흥재(2005), 「문화예술정책론」, 박영사.

이흥재(2012), 「현대사회와 문화예술」, 푸른길.

장세진&신진옥(2012), "문화복지 기준 설정에 관한 기초연구", 전북발전연구원.

정무성&황정은(2011), 「사회복지 마케팅」, 신정.

조요한(2011), 「예술철학」, 예술문화사.

필립코틀러&낸시리(2006), 남문희 역, 「착한기업이 성공한다」, 리더스북.

현택수(2006), '문화복지와 문화정책의 개념에 관한 연구', 「사회복지정책」, 27권 1호.